中华人民共和国
商标法

案例注释版

中国法制出版社
CHINA LEGAL PUBLISHING HOUSE

出版说明

我国各级人民法院作出的生效裁判是审判实践的结晶，是法律适用在社会生活中真实、具体而生动的表现，是连接抽象法律与现实纠纷的桥梁。因此，了解和适用法律最好的办法，就是阅读、参考已发生并裁判生效的真实案例。从广大读者学法用法以及法官、律师等司法实务人员工作的实际需要出发，我们组织编写了这套"法律法规案例注释版"丛书。该丛书侧重"以案释法"，期冀通过案例注释法条的方法，将法律条文与真实判例相结合，帮助读者准确理解与适用法律条文，并领会法律制度的内在精神。

丛书最大的特点是：

一、专业性。丛书所编选案例的原始资料来源于各级人民法院已经审结并发生法律效力的判决，从阐释法律规定的需要出发，加工整理而成。对于重点法条，则从全国人大常委会法工委等立法部门对条文的专业解读中提炼条文注释。

二、全面性。全书以主体法为编写主线，并辅之以条文主旨、条文注释、实用问答、典型案例、相关规定等，囊括了该法条的理论阐释和疑难问题，帮助读者全面理解法律知识体系。

三、示范性。裁判案例是法院依法对特定主体之间在特定时间、地点发生的法律纠纷作出的裁判，其本身具有真实性、指导性和示范性的特点。丛书选择的案例紧扣法律条文规定，精选了最高人民法院、最高人民检察院公布的指导案例等典型案例，对于读者有很强的参考借鉴价值。

四、实用性。每本书通过实用问答模块，以问答的方式解答实务中的疑难问题，帮助读者更好地解决实际问题。丛书设置"相关案例索引"栏目，列举更多的相关案例，归纳出案件要点，以期通过相关的案例，进一步发现、领会和把握法律规则、原则，从而作为解决实际问题的参考，做到举一反三。

五、便捷性。本丛书采用大字排版、双色印刷，清晰疏朗，提升了读者的阅读体验。我们还在部分分册的主体法律文件之后收录重要配套法律文件，以及相应的法律流程图表、文书等内容，方便读者查找和使用。

希望本丛书能够成为广大读者学习、理解和运用法律的得力帮手！

适 用 提 示

《中华人民共和国商标法》（以下简称《商标法》）是调整商品和服务标志因注册使用管理和保护商标专用权等活动中所发生的各种社会关系的法律规范的总称。1982年8月23日，第五届全国人民代表大会常务委员会第二十四次会议通过了《商标法》，自1983年3月1日起施行。此后，根据1993年2月22日第七届全国人民代表大会常务委员会第三十次会议《关于修改〈中华人民共和国商标法〉的决定》进行了第一次修正；根据2001年10月27日第九届全国人民代表大会常务委员会第二十四次会议《关于修改〈中华人民共和国商标法〉的决定》进行了第二次修正；根据2013年8月30日第十二届全国人民代表大会常务委员会第四次会议《关于修改〈中华人民共和国商标法〉的决定》进行了第三次修正；根据2019年4月23日第十三届全国人民代表大会常务委员会第十次会议《关于修改〈中华人民共和国建筑法〉等八部法律的决定》进行了第四次修正。《商标法》在加强商标管理，保护商标专用权，促使生产、经营者保证商品和服务质量，维护商标信誉，保障消费者和生产、经营者的利益，促进社会主义市场经济的发展等方面发挥着重要的作用。

《商标法》共8章73条，主要内容包括：

一、商标的分类、要素、取得、使用

对于注册商标的管理，在国家知识产权商标局下分设商标局和商标评审委员会进行商标事宜处理，其中商标局主管全国商标注册和管理，而商标评审委员会负责处理商标争议事宜。我国明确规定经商标局核准的商标为注册商标，但并不否定未经注册的商标的合法性。商标的种类可以分为商品商标、服务商标、集体商标、证明商标。可以构成商标的要素包括文字、图形、字母、数字、三维标志、颜色组合和声音等，以及上述要素的组合。目前，我国商标实践中较多的是文字、图形、字母、数字或者其组合而成的标志，随着国际上声音商标的发展，使得声音首次在我国为立法所确立。

取得商标注册，必须由权利人向商标局申请注册，权利人可以自行办理，同时也可以委托商标代理机构办理。而对于外国企业或者外国人则特别规定，必须由商标代理机构进行代理。为规范实践中商标代理机构违反诚实信用原则，《商标法》明确规定，商标代理机构应当遵循诚实信用原则，依法依规地按照被代理人的委托办理商标事宜，并负有保密义务。除对其代理服务申请商标注册外，不得申请注册其他商标。而对于委托人申请的商标，在接受代理时，如果存在法定的绝对禁注理由，应当明确告知当事人，如果当事人存在抢注等行为的，不得接受委托，如此规定，目的是使商标代理机构在商标市场秩序中的行为得到规范，净化市场环境。

公司在使用商标时，有权标明注册商标或者注册标记，起到宣示作用。注册商标的有效期限为10年，续展期仍然为10年，但对于续展，改变了以往的核准方式，只需商标注册人在期满前12个月内按照规定办理续展手续，特殊情况的给予6个月的宽展期，期满如果未办理续展手续的，注销该商标。转让注册商标时，商标转让人和受让人应当签订转让协议，同时对注册商标人在同一种商品上注册的近似商标一并转让，避免导致日后权利争议，经过商标局核准并公告后，商标专用权发生变更。对于申请商标许可的，许可人应当将其商标使用许可报商标局备案，由商标局公告，未经备案不得对抗善意第三人。

二、对恶意注册行为的规制

《商标法》对于恶意注册行为的规制主要涉及以下三个方面：一是增强商标使用义务，将"不以使用为目的的恶意商标注册申请"作为驳回申请、提出异议和请求宣告无效的事由。二是规范商标代理行为，规定商标代理机构知道或者应当知道委托人存在恶意注册行为的不得接受委托。三是对申请人、商标代理机构的恶意申请商标注册、恶意提起商标诉讼行为规定了处罚措施。对恶意申请商标注册的，根据情节给予警告、罚款等行政处罚；对恶意提起商标诉讼的，由人民法院依法给予处罚。由此，《商标法》将规制恶意注册行为贯穿于整个商标申请注册和保护程序，在责任主体方面既包括申请人，也包括商标代理机构。

三、对驰名商标的保护

根据《商标法》的规定，认定为驰名商标需要考虑的要素包括：相关公众对该商标的知晓程度；商标使用的持续时间；商标的任何宣传工作的持续时间、程度和地理范围；商标作为驰名商标受保护的记录；商标驰名的其他因素。针对驰名商标获得及宣传上的不正当行为，法律规定在进行商标使用时，生产者、经营者不得将驰名商标字样用于商品、商品包装或者容器上，或者用于广告宣传、展览以及其他商业活动中。违反此规定，对驰名商标字样进行使用或宣传的，由地方知识产权局进行行政处罚。

四、注册商标无效宣告程序

针对注册商标存在绝对或相对禁注理由，《商标法》为规范商标的合法性、显著性，维护权利人的正当权益，设置了注册商标的无效宣告程序。对于存在绝对禁注理由的，或者是以欺骗手段或以其他不正当手段取得注册的，商标局可以自行宣告注册商标无效，而此外的任何单位和个人均可以依法向商标评审委员会申请宣告注册商标无效，进行行政救济。在办理程序中，商标局自行启动宣告无效的，当事人如果对商标局的决定不服，可以在收到决定后15日内向商标评审委员会申请复审，商标评审委员会必须在收到申请之日起9个月内做出决定，有特殊情况需要延长的，经批准可以延长3个月。如果对商标评审委员会的决定仍然不服的，当事人可以在收到通知后30日内向人民法院提起诉讼。其他单位和个人请求商标评审委员会启动注册商标宣告无效程序的，商标评审委员会应当在收到申请之日起9个月内作出维持或宣告注册商标无效的裁定，有特殊情况需要延长的，经批准可以延长3个月。当事人如果对裁定不服，可以在收到裁定后30日内向人民法院起诉。对于存在相对禁注理由的，提起宣告注册商标无效的主体只能是在先权利人或者利害关系人，而且必须在五年内提起，避免商标权利的不稳定，但对于恶意注册的，驰名商标所有权人则不受五年时间的限制。此时有权受理注册商标无效程序的主体为商标评审委员会。商标评审委员会在注册商标无效宣告程序中对于案件实体问题作出的认定结果必须是裁定，为缩短程序、提高效率，其作出的维持或宣告注册商标无效的裁定时间为收到申请之日起12个月，有特殊情况需要延长的，可以延长6个月。当事人如果仍然对商标评审委员会的裁定不服，可以在收到通知后30日内向人民法院提起行政诉讼，此时对方当事人应当作为第三人参加诉讼。

五、注册商标的撤销程序

在给予无效宣告程序以外，为规范商标的正常使用，避免商标权利人不正当地使用以及注册大量不使用的商标，造成注册商标的浪费，法律规定了注册商标的撤销程序。提起注册商标撤销程序的主体既包括商标局，也包括任何单位和个人。法律对商标局、任何单位和个人提起的事由进行了不同的规范,商标局的提起是在商标注册人取得注册商标后,在使用注册商标的过程中,自行改变了注册商标、注册人名义、地址或者其他注册事项的,先要求权利主体进行改正,期满不改正的,则由商标局撤销注册商标。其他单位或者个人的提起是在注册商标成为核定使用的商品的通用名称的情况下,为避免任何人只要生产该商品就侵权的情况下或者注册商标权利人在没有正当理由连续三年不使用注册商标的情况下,方可向商标局提出撤销的申请,撤销权的受理主体为商标局。仅在当事人对于商标局作出的撤销或者不予撤销注册商标的决定后,当事人不服的,方可自收到通知后15日内向商标评审委员会申请复审,由商标评审委员会在9个月内作出决定,考虑到特殊情况,经批准,商标评审委员会可以延长3个月作出复审决定。当事人在商标评审委员会作出决定后,仍然享有司法救济途径向人民法院提起诉讼。根据法律的原则,对于撤销的决定,其法律效力只能自撤销决定生效之日起,不是自始无效。

六、注册商标专用权的保护

注册商标专用权属于知识产权的重要组成部分,具有财产价值,权利人可以从中取得经济效益,但其使用不仅要符合法律的规范性要求,还需要在核准注册的商标和核定使用的商品上使用,否则不为法律所保护。为规范此类行为,《商标法》明确了对侵犯注册商标专用权的行为的惩处力度,规定未经注册商标人的许可,在同一种商品上使用与其注册商标相同的商标的;在同一种商品上使用与其注册商标近似的商品,或者在类似商品上使用与其注册商标相同或近似的商标容易导致混淆的都认定为侵犯注册商标专用权。《商标法》规定了故意为侵犯他人商标专用权行为提供便利条件,帮助他人实施侵权行为的以及兜底规定给他人注册商标专用权造成其他损害的,都认定为侵犯注册商标专用权。

七、打击假冒注册商标行为

在计算侵犯商标专用权的赔偿数额时，原则上按照权利人因被侵权所受到的实际损失确定；实际损失难以确定的，可以按照侵权人因侵权所获得的利益确定；权利人的损失或者侵权人获得的利益难以确定的，参照该商标许可使用费的倍数合理确定。

近年来，假冒注册商标行为长期受到社会各界的极大关注。为进一步健全惩罚性赔偿制度、提高违法侵权成本和加大知识产权保护力度，一方面，《商标法》提高了侵犯商标专用权的赔偿数额。新增条款规定，恶意侵犯商标专用权的侵权赔偿数额计算倍数由一倍以上三倍以下提高至一倍以上五倍以下，法定赔偿数额上限从300万元提高至500万元。另一方面，《商标法》新增了对假冒注册商标的商品以及主要用于制造假冒注册商标的商品的材料、工具的处置。新增条款规定，人民法院应权利人请求，可以责令销毁假冒注册商标的商品以及主要用于制造假冒注册商标的商品的材料、工具，或者在特殊情况下，责令禁止前述材料、工具进入商业渠道。假冒注册商标的商品不得在仅去除假冒注册商标后即进入商业渠道。上述修改将提高赔偿数额、销毁商品及材料工具、禁入商业渠道作为对申请人侵犯商标专用权的主要处罚措施，有效威慑了知识产权领域范围内的违法犯罪行为。另外，值得一提的是，2021年6月1日修订后实施的《中华人民共和国专利法》和《中华人民共和国著作权法》也将侵权行为的赔偿数额上限提高至500万元。

目 录

中华人民共和国商标法

第一章 总 则

第一条 【立法宗旨】 ································· 2
第二条 【行政主管部门】 ····························· 2
第三条 【注册商标及其分类与保护】 ··················· 3
第四条 【商标注册申请】 ····························· 4
　● 相关案例索引
　　"某智行"商标异议案 ······························ 5
第五条 【注册商标共有】 ····························· 6
第六条 【商标强制注册】 ····························· 6
第七条 【诚实信用原则和商品质量】 ··················· 6
第八条 【商标的构成要素】 ··························· 7
　● 典型案例
　　克里斯蒂昂迪奥尔香料公司诉国家工商行政管理总局商标
　　评审委员会商标申请驳回复审行政纠纷案 ············ 7
第九条 【申请注册的商标应具备的条件】 ··············· 11
第十条 【禁止作为商标使用的标志】 ··················· 11
　● 相关案例索引
　　1. 石膏公司与万佳公司行政纠纷案 ·················· 12

1

2. 啤酒公司诉某知识产权局商标申请驳回复审行政纠纷案 …… 13

第 十 一 条　【不得作为商标注册的标志】………………… 13

● 相关案例索引

1. "图形"（三维标志、指定颜色）商标驳回复审案 ………… 14
2. 颜色组合商标无效宣告案 ……………………………………… 14

第 十 二 条　【三维标志申请注册商标的限制条件】……… 15

第 十 三 条　【驰名商标的保护】………………………………… 15

第 十 四 条　【驰名商标的认定】………………………………… 16

第 十 五 条　【恶意注册他人商标】……………………………… 17

● 典型案例

重庆江小白酒业有限公司诉国家知识产权局、第三人重庆市江津酒厂（集团）有限公司商标权无效宣告行政纠纷案 ……… 18

第 十 六 条　【地理标志】………………………………………… 22

第 十 七 条　【外国人在中国申请商标注册】…………………… 23

第 十 八 条　【商标代理机构】…………………………………… 23

第 十 九 条　【商标代理机构的行为规范】……………………… 24

● 相关案例索引

"某丽芙"商标无效宣告案 ………………………………………… 24

第 二 十 条　【商标代理行业组织对会员的管理】……………… 25

第二十一条　【商标国际注册】…………………………………… 25

第二章　商标注册的申请

第二十二条　【商标注册申请的提出】…………………………… 26

第二十三条　【注册申请的另行提出】…………………………… 26

第二十四条　【注册申请的重新提出】…………………………… 26

第二十五条　【优先权及其手续】………………………………… 27

第二十六条　【国际展览会中的临时保护】…………… 28
第二十七条　【申报事项和材料的真实、准确、完整】………… 29

第三章　商标注册的审查和核准

第二十八条　【初步审定并公告】………………………… 29
第二十九条　【商标注册申请内容的说明和修正】……… 30
第 三 十 条　【商标注册申请的驳回】…………………… 30
● 相关案例索引
  1. 知识产权代理公司商标驳回复审行政纠纷案 ………… 30
  2. "某待百"商标案及"某多加喱"商标异议案 ……… 30
第三十一条　【申请在先原则】…………………………… 31
第三十二条　【在先权利与恶意抢注】…………………… 31
● 典型案例
迈克尔·杰弗里·乔丹与国家工商行政管理总局商标评审委员
    会、乔丹体育股份有限公司"乔丹"商标争议行政纠纷案 …… 32
● 相关案例索引
  1. "某家族某京冒菜"商标异议案 ………………………… 38
  2. "某神"商标异议案 ……………………………………… 38
  3. "某米××MI"商标异议案 ……………………………… 39
第三十三条　【商标异议和核准注册】…………………… 40
第三十四条　【驳回商标申请的处理】…………………… 40
第三十五条　【商标异议的处理】………………………… 41
第三十六条　【有关决定的生效及效力】………………… 42
第三十七条　【及时审查原则】…………………………… 42
第三十八条　【商标申请文件或注册文件错误的更正】… 43

3

第四章　注册商标的续展、变更、转让和使用许可

第三十九条　【注册商标的有效期限】 ………………… 43
第 四 十 条　【续展手续的办理】 …………………… 43
第四十一条　【注册商标的变更】 …………………… 44
第四十二条　【注册商标的转让】 …………………… 44
第四十三条　【注册商标的使用许可】 ……………… 45
● 典型案例
饮料公司与医药保健公司商标权权属纠纷案 ………… 45

第五章　注册商标的无效宣告

第四十四条　【注册不当商标的处理】 ……………… 46
● 相关案例索引
"某铜"系列商标无效宣告案 …………………………… 47
第四十五条　【对与他人在先权利相冲突的注册商标的处理】 … 48
● 相关案例索引
凌琳公司等与商标评审委员会商标权无效宣告行政纠纷案 …… 49
第四十六条　【有关宣告注册商标无效或维持的决定、裁定生效】 …………………………………………… 49
第四十七条　【宣告注册商标无效的法律效力】 …… 49
● 典型案例
广州指某服务有限公司、广州中某管理咨询服务有限公司与迅某商贸有限公司等侵害商标权抗诉案 ………… 50

第六章　商标使用的管理

第四十八条　【商标的使用】 ………………………… 53

4

● 典型案例

在互联网关键词搜索中使用与他人注册商标相同或者近似的文字构成商标的使用 ················· 54

第四十九条　【违法使用注册商标】················· 59
第 五 十 条　【对被撤销、宣告无效或者注销的商标的管理】··· 60
第五十一条　【对强制注册商标的管理】··············· 60
第五十二条　【对未注册商标的管理】················ 61

● 典型案例

王碎永诉深圳歌力思服饰股份有限公司、杭州银泰世纪百货有限公司侵害商标权纠纷案 ················· 61

第五十三条　【违法使用驰名商标的责任】············· 64
第五十四条　【对撤销或不予撤销注册商标决定的复审】····· 65
第五十五条　【撤销注册商标决定的生效】············· 65

第七章　注册商标专用权的保护

第五十六条　【注册商标专用权的保护范围】··········· 65
第五十七条　【商标侵权行为】··················· 65

● 典型案例

1. 界定"销售不知道是侵犯注册商标专用权的商品"应综合考虑多方面因素 ····················· 66
2. 包工包料承揽工程建设中承包人购买、使用侵犯注册商标专用权商品的行为构成销售侵犯商标专用权商品的行为 ······· 74
3. 商标使用行为是否构成商标法意义上"商标的使用"应当依据商标法作出整体一致的解释 ··············· 80

5

4. 兰建军、杭州小拇指汽车维修科技股份有限公司诉天津市小拇指汽车维修服务有限公司等侵害商标权及不正当竞争纠纷案 …… 88

5. 成都同德福合川桃片有限公司诉重庆市合川区同德福桃片有限公司、余晓华侵害商标权及不正当竞争纠纷案 …… 97

6. "西××"仿冒混淆纠纷案 …… 100

●相关案例索引

乐器公司诉进出口公司侵害商标权及不正当竞争纠纷案 …… 101

第五十八条 【不正当竞争】 …… 102

第五十九条 【注册商标专用权行使限制】 …… 102

●典型案例

1. 山东鲁锦实业有限公司诉鄄城县鲁锦工艺品有限责任公司、济宁礼之邦家纺有限公司侵害商标权及不正当竞争纠纷案 …… 103

2. 餐饮管理公司与火锅店侵害商标权纠纷案 …… 109

3. ×飞人制造公司与商务咨询公司等侵害商标权及不正当竞争纠纷案 …… 110

●相关案例索引

制药公司诉科技公司等侵害商标权及不正当竞争纠纷案 …… 111

第六十条 【侵犯注册商标专用权的责任】 …… 112

第六十一条 【对侵犯注册商标专用权的处理】 …… 113

第六十二条 【商标侵权行为的查处】 …… 113

●相关案例索引

泵业公司诉泵阀经营部侵害商标权及不正当竞争纠纷案 …… 114

第六十三条 【侵犯商标专用权的赔偿数额的确定】 …… 114

● 典型案例

1. 法院适用修订后《商标法》的惩罚性赔偿制度保护"某米"驰名商标案 …………………………………………… 116
2. H氏公司、H氏上海公司与原广州H氏公司等侵害商标权及不正当竞争纠纷案 ………………………… 121

第六十四条 【商标侵权纠纷中的免责情形】…………… 122

● 相关案例索引

科技公司诉装饰材料店、五金公司侵害商标权纠纷案 …… 123

第六十五条 【诉前临时保护措施】……………………… 123
第六十六条 【诉前证据保全】…………………………… 124
第六十七条 【刑事责任】………………………………… 125

● 典型案例

1. 郭明升、郭明锋、孙淑标假冒注册商标案 ……………… 126
2. 丁某某、林某某等人假冒注册商标立案监督案 ………… 127
3. 邓秋城、双善食品（厦门）有限公司等销售假冒注册商标的商品案 ……………………………………………… 130
4. 广州卡门实业有限公司涉嫌销售假冒注册商标的商品立案监督案 ……………………………………………… 134
5. 姚常龙等五人假冒注册商标案 …………………………… 137
6. 洪某设等五十八人销售假冒注册商标的商品案 ………… 139
7. 罗某洲、马某华等八人假冒注册商标罪案 ……………… 142

● 相关案例索引

健康产品公司诉刘某、谢某华侵害商标权纠纷案 ……… 143

第六十八条 【商标代理机构的法律责任】……………… 144
第六十九条 【商标监管机构及其人员的行为要求】…… 145

7

第七十条　【工商行政管理部门的内部监督】…………… 145

第七十一条　【相关工作人员的法律责任】…………… 145

第八章　附　　则

第七十二条　【商标规费】…………………………… 145

第七十三条　【时间效力】…………………………… 146

附　录

最高人民法院关于审理侵害知识产权民事案件适用惩罚性赔偿
　的解释 ……………………………………………… 147
　　（2021年3月2日）

最高人民法院关于审理商标案件有关管辖和法律适用范围问题
　的解释 ……………………………………………… 149
　　（2020年12月29日）

最高人民法院关于审理商标民事纠纷案件适用法律若干问题的
　解释 ………………………………………………… 152
　　（2020年12月29日）

最高人民法院关于审理注册商标、企业名称与在先权利冲突的
　民事纠纷案件若干问题的规定 …………………… 156
　　（2020年12月29日）

最高人民法院关于审理涉及驰名商标保护的民事纠纷案件应用
　法律若干问题的解释 ……………………………… 157
　　（2020年12月29日）

最高人民法院关于商标法修改决定施行后商标案件管辖和法律
　适用问题的解释 …………………………………… 160
　　（2020年12月29日）

最高人民法院关于审理商标授权确权行政案件若干问题的规定……163
　　（2020年12月29日）
最高人民法院关于人民法院对注册商标权进行财产保全的解释……170
　　（2020年12月29日）
最高人民法院关于产品侵权案件的受害人能否以产品的商标所
　　有人为被告提起民事诉讼的批复……………………………171
　　（2020年12月29日）
中华人民共和国商标法实施条例………………………………171
　　（2014年4月29日）
商标印制管理办法…………………………………………………190
　　（2020年10月23日）
国家知识产权局关于发布《商标注册档案管理办法》的公告……193
　　（2020年8月20日）
国家知识产权局关于印发《商标侵权判断标准》的通知…………195
　　（2020年6月15日）

中华人民共和国商标法

（1982年8月23日第五届全国人民代表大会常务委员会第二十四次会议通过　根据1993年2月22日第七届全国人民代表大会常务委员会第三十次会议《关于修改〈中华人民共和国商标法〉的决定》第一次修正　根据2001年10月27日第九届全国人民代表大会常务委员会第二十四次会议《关于修改〈中华人民共和国商标法〉的决定》第二次修正　根据2013年8月30日第十二届全国人民代表大会常务委员会第四次会议《关于修改〈中华人民共和国商标法〉的决定》第三次修正　根据2019年4月23日第十三届全国人民代表大会常务委员会第十次会议《关于修改〈中华人民共和国建筑法〉等八部法律的决定》第四次修正）

目　录

第一章　总　　则
第二章　商标注册的申请
第三章　商标注册的审查和核准
第四章　注册商标的续展、变更、转让和使用许可
第五章　注册商标的无效宣告
第六章　商标使用的管理

第七章　注册商标专用权的保护

第八章　附　　则

第一章　总　　则

第一条　立法宗旨*

为了加强商标管理，保护商标专用权，促使生产、经营者保证商品和服务质量，维护商标信誉，以保障消费者和生产、经营者的利益，促进社会主义市场经济的发展，特制定本法。

● 条文注释

本条是关于商标法立法宗旨的规定。所谓商标，就是在生产经营活动中使用的，用以识别商品或者服务来源的标志。商标法是规范商标活动的基本法律。其立法宗旨包括：加强商标管理；保护商标专用权；促使生产经营者保证商品或者服务质量、维护商标信誉；保障消费者和生产经营者的利益；促进社会主义市场经济的发展。

第二条　行政主管部门

国务院工商行政管理部门商标局[1]主管全国商标注册和管理的工作。

---

* 条文主旨为编者所加，下同。

[1] 2018年3月，中共中央印发《深化党和国家机构改革方案》，将国家知识产权局的职责、国家工商行政管理总局的商标管理职责、国家质量监督检验检疫总局的原产地地理标志管理职责整合，重新组建国家知识产权局，由国家市场监督管理总局管理。下略。

国务院工商行政管理部门设立商标评审委员会，负责处理商标争议事宜。

● **条文注释**

商标局是全国统一办理商标注册的法定机构，其同时主管全国商标管理工作。商标评审委员会是负责处理商标争议事宜的法定机构，它与商标局是平行的。商标评审委员会的职责、其与商标局的关系、其在处理商标争议中所处的地位，都在商标法中有明确的规定，从而确定了商标争议的处理机制。

第三条 注册商标及其分类与保护

经商标局核准注册的商标为注册商标，包括商品商标、服务商标和集体商标、证明商标；商标注册人享有商标专用权，受法律保护。

本法所称集体商标，是指以团体、协会或者其他组织名义注册，供该组织成员在商事活动中使用，以表明使用者在该组织中的成员资格的标志。

本法所称证明商标，是指由对某种商品或者服务具有监督能力的组织所控制，而由该组织以外的单位或者个人使用于其商品或者服务，用以证明该商品或者服务的原产地、原料、制造方法、质量或者其他特定品质的标志。

集体商标、证明商标注册和管理的特殊事项，由国务院工商行政管理部门规定。

● *条文注释*

　　商标是一种能将商品和服务的来源区别开来的标志。商标分为注册商标与非注册商标。对于在生产经营活动中已使用的或者准备使用的商标，生产经营者可以自主决定是否注册，此即商标自愿注册原则；当然，这项原则也有例外，即对于特定的商品或者服务（如烟草）的商标，法律规定必须注册。

　　注册商标分类则是指根据注册商标使用对象以及使用目的的不同而作出的分类。

　　注册商标专用权受法律保护是一条重要的法律原则，也是注册商标的一个重要特点。其有以下几层含义：（1）只有经过商标局核准注册的商标才能产生注册商标专用权；（2）商标专用权归属于商标注册人；（3）商标专用权受法律保护。

● *相关规定*

　　《集体商标、证明商标注册和管理办法》

第四条 **商标注册申请**

　　自然人、法人或者其他组织在生产经营活动中，对其商品或者服务需要取得商标专用权的，应当向商标局申请商标注册。不以使用为目的的恶意商标注册申请，应当予以驳回。

　　本法有关商品商标的规定，适用于服务商标。

● *条文注释*

　　在商品上使用的商标称为商品商标，在服务上使用的商标称为服务商标。其最大的区别在于使用对象的不同。但是它们之间又有共同的性质，涉及许多共同的法律关系，甚至在某些情况下，理论上将服务看作特殊的商品，或者提供商品也包含提供服务。因此，尽管有所区分，但它们可以适用相同的规则。本条第二款规定，本法中有关商品商标的规定，适用于服务商标。这也表明，在商标法的调整范围之内，商品商标与服务商标适用同样的法律规范；商标法在使用"商标"一词时，是将商品商标与服务商标都包含在内的。

● **相关案例索引**

"某智行"商标异议案（国家知识产权局发布的2020年度十件商标异议、评审典型案例[①]之一）

异议人提供的证据不足以证明在被异议商标申请日前，异议人已于货运、河运等相同或类似的服务上在先使用"某智行"商标、字号并具有一定影响。但被异议人先后在20多个商品或服务类别上申请注册了170余件商标，其中数十件商标与他人企业字号相同或近似，被异议人并未提交上述商标使用的证据、使用意图及创作来源，其申请注册商标数量明显超出市场主体的正常需求。结合被异议商标与异议人具有一定独创性的字号文字完全相同的事实，可以认定被异议人申请注册被异议商标的行为构成《商标法》第四条所指的"不以使用为目的的恶意商标注册申请"的情形。本案的典型意义在于，《商标法》第四条规定对"不以使用为目的的恶意商标注册申请"的适用需要被异议人的申请注册商标达到一定数量，但并没有绝对量化的标准，也不应简单地从申请数量去判断，而应从申请商标的"量"与"质"等多个维度考量、评价申请人的申请行为。

---

① 《收藏！2020年度商标异议、评审典型案例来了》，载微信公众号"中国知识产权报"2021年5月4日，2023年10月28日访问。

● 相关规定

《商标法实施条例》;《规范商标申请注册行为若干规定》

第五条　注册商标共有

两个以上的自然人、法人或者其他组织可以共同向商标局申请注册同一商标，共同享有和行使该商标专用权。

● 相关规定

《商标法实施条例》第16条;《民法典》第297~310条

第六条　商标强制注册

法律、行政法规规定必须使用注册商标的商品，必须申请商标注册，未经核准注册的，不得在市场销售。

● 相关规定

《烟草专卖法》第19条、第33条

第七条　诚实信用原则和商品质量

申请注册和使用商标，应当遵循诚实信用原则。

商标使用人应当对其使用商标的商品质量负责。各级工商行政管理部门应当通过商标管理，制止欺骗消费者的行为。

● 条文注释

本条是关于诚实信用原则和使用商标的商品质量的规定。诚实信用原则是民商事活动中的基本原则，本条通过明确该原则，对其予以细化。

商标使用人应当对其使用商标的商品质量负责。本法所称的商标使用人包括不同情形，比如商标注册人自己将所注册商标使用在商品上，共有商标的共有人分别将共有的商标使用在商品上，经过依法实施的使用许可由被许可人将商标使用在商品上等。这些使用商标的情况虽然不同，但都有明确的商标使用人，每一个商标使用人都应当在所承担的责任范围内对商品质量负责。

第八条 商标的构成要素

任何能够将自然人、法人或者其他组织的商品与他人的商品区别开的标志，包括文字、图形、字母、数字、三维标志、颜色组合和声音等，以及上述要素的组合，均可以作为商标申请注册。

● 条文注释

本条是关于商标的本质特征和构成要素的规定。要成为注册商标，就应当具备识别商品或者服务来源的能力，这是商标的本质特征，也是建立商标制度的根本意义所在。这一本质特征在商标要素上体现为：一方面，商标构成要素只有具备了识别商品或者服务来源的能力，才能够作为商标申请注册。另一方面，一些新的商标要素只要具备了识别商品或者服务来源的能力，实践中又确有需要，法律就可以将其确认为新的商标要素，允许其作为商标申请注册。

● 典型案例

克里斯蒂昂迪奥尔香料公司诉国家工商行政管理总局商标评审委员会商标申请驳回复审行政纠纷案（最高人民法院指导案例114号）

涉案申请商标为国际注册第1221382号商标，申请人为克里斯蒂昂迪奥尔香料公司（以下简称迪奥尔公司）。申请商标的原属国为法国，核准注册时间为2014年4月16日，国际注册时间为2014年8月8日，国际注册所有人为迪奥尔公司，指定使用商品为香水、浓香水等。

申请商标经国际注册后，根据《商标国际注册马德里协定》《商标国际注册马德里协定有关议定书》的相关规定，迪奥尔公司通过世界知识产权组织国际局（以下简称国际局），向澳大利亚、丹麦、芬兰、英国、中国等提出领土延伸保护申请。2015年7月13日，国家工商行政管理总局商标局向国际局发出申请商标的驳回通知书，以申请商标缺乏显著性为由，驳回全部指定商品在中国的领土延伸保护申请。在法定期限内，迪奥尔公司向国家工商行政管理总局商标评审委员会（以下简称商标评审委员会）提出复审申请。商标评审委员会认为，申请商标难以起到区别商品来源的作用，缺乏商标应有的显著性，遂以第13584号决定，驳回申请商标在中国的领土延伸保护申请。迪奥尔公司不服，提起行政诉讼。迪奥尔公司认为，首先，申请商标为指定颜色的三维立体商标，迪奥尔公司已经向商标评审委员会提交了申请商标的三面视图，但商标评审委员会却将申请商标作为普通商标进行审查，决定作出的事实基础有误。其次，申请商标设计独特，并通过迪奥尔公司长期的宣传推广，具有了较强的显著性，其领土延伸保护申请应当获得支持。

北京知识产权法院于2016年9月29日作出（2016）京73行初3047号行政判决，判决：驳回克里斯蒂昂迪奥尔香料公司的诉讼请求。迪奥尔公司不服一审判决，提起上诉。北京市高级人民法院于2017年5月23日作出（2017）京行终744号行政判决，判决：驳回上诉，维持原判。迪奥尔公司不服二审判决，向最高人民法院提出再审申请。最高人民法院于2017年12月29日作出（2017）最高法行申7969号行政裁定，提审本案，并于2018年4月26日作出（2018）最高法行再26号行政判决，撤销一审、二审判决及被诉决定，并判令国家工商行政管理总局商标评审委员会重新作出复审决定。

最高人民法院认为，申请商标国际注册信息中明确记载，申请商标指定的商标类型为"三维立体商标"，且对三维形式进行了具体描述。在无相反证据的情况下，申请商标国际注册信息中关于商标具体类型的记载，应当视为迪奥尔公司关于申请商标为三维标志的声明形式。也可合理推定，在申请商标指定中国进行领土延伸保护的过程中，国际局向商标局转送的申请信息与之相符，商标局应知晓上述信息。因国际注册商标的申请人无须在指定国家再次提出注册申请，故由国际局向商标局转送的申请商标信息，应当是商标局据以审查、决定申请商标指定中国的领土延伸保护申请能否获得支持的事实依据。根据现有证据，申请商标请求在中国获得注册的商标类型为"三维立体商标"，而非记载于商标局档案并作为商标局、商标评审委员会审查基础的"普通商标"。迪奥尔公司已经在评审程序中明确了申请商标的具体类型为"三维立体商标"，并通过补充三面视图的方式提出了补正要求。对此，商标评审委员会既未在第13584号决定中予以如实记载，也未针对迪奥尔公司提出的上述主张，对商标局驳回决定依据的相关事实是否有误予以核实，而仍将申请商标作为"图形商标"进行审查并驳回迪奥尔公司复审申请的做法，违反法定程序，并可能损及行政相对人的合法利益，应当予以纠正。商标局、商标评审委员会应当根据复审程序的规定，以"三维立体商标"为基础，重新对申请商标是否具备显著特征等问题予以审查。

《商标国际注册马德里协定》《商标国际注册马德里协定有关议定书》制定的主要目的是通过建立国际合作机制，确立和完善商标国际注册程序，减少和简化注册手续，便利申请人以最低成本在所需国家获得商标保护。结合本案事实，申请商标作为指定中国的马德里商标国际注册申请，有关申请材料应当以国际局向商标局转送的内容为准。现有证据可以合理推定，迪奥尔公司已经在商标国际注册程序中对申请商标为"三维立体商标"这一事实作出声明，说明了申请商标的具体使用方式并提供了申请商标的一面视图。在申请材料仅欠缺《中华人民共和国商标法实施条例》规定的部分视图等形式要件的情况下，商标行政机关应当秉承积极履行国际公约义务的精神，给予申请人合理的补正机会。本案中，商标局并未如实记载迪奥尔公司在国际注册程序中对商标类型作出的声明，且在未给予迪奥尔公司合理补正机会，并欠缺当事人请求与事实依据的情况下，径行将申请商标类型变更为普通商标并作出不利于迪奥尔公司的审查结论，商标评审委员会对此未予纠正的做法，均缺乏事实与法律依据，且可能损害行政相对人合理的期待利益，对此应予纠正。

综上，商标评审委员会应当基于迪奥尔公司在复审程序中提出的与商标类型有关的复审理由，纠正商标局的不当认定，并根据三维标志是否具备显著特征的评判标准，对申请商标指定中国的领土延伸保护申请是否应予准许的问题重新进行审查。商标局、商标评审委员会在重新审查认定时应重点考量如下因素：一是申请商标的显著性与经过使用取得的显著性，特别是申请商标进入中国市场的时间，在案证据能够证明的实际使用与宣传推广的情况，以及申请商标因此而产生识别商品来源功能的可能性。二是审查标准一致性的原则。商标评审及司法审查程序虽然要考虑个案情况，但审查的基本依据均为商标法及其相关行政法规规定，不能以个案审查为由忽视执法标准的统一性问题。

第九条 申请注册的商标应具备的条件

申请注册的商标，应当有显著特征，便于识别，并不得与他人在先取得的合法权利相冲突。

商标注册人有权标明"注册商标"或者注册标记。

● **相关规定**

《商标法实施条例》第63条；《最高人民法院关于审理注册商标、企业名称与在先权利冲突的民事纠纷案件若干问题的规定》

第十条 禁止作为商标使用的标志

下列标志不得作为商标使用：

（一）同中华人民共和国的国家名称、国旗、国徽、国歌、军旗、军徽、军歌、勋章等相同或者近似的，以及同中央国家机关的名称、标志、所在地特定地点的名称或者标志性建筑物的名称、图形相同的；

（二）同外国的国家名称、国旗、国徽、军旗等相同或者近似的，但经该国政府同意的除外；

（三）同政府间国际组织的名称、旗帜、徽记等相同或者近似的，但经该组织同意或者不易误导公众的除外；

（四）与表明实施控制、予以保证的官方标志、检验印记相同或者近似的，但经授权的除外；

（五）同"红十字"、"红新月"的名称、标志相同或者近似的；

（六）带有民族歧视性的；

（七）带有欺骗性，容易使公众对商品的质量等特点或者产地产生误认的；

（八）有害于社会主义道德风尚或者有其他不良影响的。

县级以上行政区划的地名或者公众知晓的外国地名，不得作为商标。但是，地名具有其他含义或者作为集体商标、证明商标组成部分的除外；已经注册的使用地名的商标继续有效。

● **条文注释**

本条规定既适用于注册商标，也适用于非注册商标。对正在申请注册的商标违反本条规定的，将依法驳回申请；对已经注册的，将依法宣告无效。

● **相关案例索引**

1. 石膏公司与万佳公司行政纠纷案（《最高人民法院公报》2017年第1期）

《商标法》第十条第一款第（八）项规定，有害于社会主义道德风尚或者有其他不良影响的标志，不得作为商标使用。其中，"有其他不良影响"的标志是指商标的文字、图形或者其他构成要素对我国政治、经济、文化、宗教、民族等社会公共利益和公共秩序产生消极、负面的影响。有害于宗教信仰、宗教情感或者民间信仰的标志一般不得作为商标使用。如果某标志具有宗教含义，不论相关公众是否能够普遍认知，标志是否已经使用并具有一定知名度，通常可以认为该标志的注册有害于宗教感情、宗教信仰或者民间信仰，具有不良影响。

2. 啤酒公司诉某知识产权局商标申请驳回复审行政纠纷案［最高人民法院（2020）最高法行再370号行政判决书[1]］

如果诉争商标是由地名与其他构成要素组成，不能当然地以其中包含地名为由，直接援引《商标法》第十条第二款规定予以驳回，而仍需判断诉争商标是否已经在整体上形成了区别于地名的含义。

第十一条 不得作为商标注册的标志

下列标志不得作为商标注册：

（一）仅有本商品的通用名称、图形、型号的；

（二）仅直接表示商品的质量、主要原料、功能、用途、重量、数量及其他特点的；

（三）其他缺乏显著特征的。

前款所列标志经过使用取得显著特征，并便于识别的，可以作为商标注册。

● 条文注释

商标显著特征的取得有两种途径：一是通过对商标构成要素的精心设计，使商标具有显著特征；二是通过使用得到公众认同，使商标产生显著特征。在实践中，的确有一些原来没有显著特征的商标经过使用后，使消费者能够通过其识别商品或者服务的来源，即经过使用产生了显著特征，对此类商标，国际通行做法是给予注册保护。

---

[1] 如无特别说明，本书所引用的案例均源自中国裁判文书网。下略。

● **相关案例索引**

1. **"图形"（三维标志、指定颜色）商标驳回复审案**（国家知识产权局发布的 2020 年度十件商标异议、评审典型案例[①]之七）

申请商标中带有指定颜色的蛋壳状三维标志使用在巧克力商品上具有显著性，外文"Kinder"使用在复审商品上亦具有显著性。同时，申请人提交的证据可以证明该三维标志自进入中国市场起就进行了广泛的宣传和推广，在巧克力商品上已具有一定知名度，并与申请人形成唯一对应关系。因此，申请商标在巧克力商品上具有显著性，可以起到区分商品来源的作用。

2. **颜色组合商标无效宣告案**（国家知识产权局发布的 2020 年度十件商标异议、评审典型案例[②]之八）

被申请人按照《商标审查及审理标准》中颜色组合商标形式审查规定的要求提交了表示颜色组合方式色块的彩色图样并进行了相关声明，说明了颜色名称和色号、描述了其在商业活动中的具体使用方式，符合颜色组合商标的形式审查要求。同时，申请人提交的证据不能证明该颜色组合已经成为同类商品的描述性颜色。此外，该颜色组合经展示和宣传已与被申请人形成了对应关系，可以起到区分商品来源的作用。因此，争议商标的申请注册并不违反《商标法》第十一条的规定。

[①]《收藏！2020 年度商标异议、评审典型案例来了》，载微信公众号"中国知识产权报"2021 年 5 月 4 日，2023 年 10 月 28 日访问。

[②]《收藏！2020 年度商标异议、评审典型案例来了》，载微信公众号"中国知识产权报"2021 年 5 月 4 日，2023 年 10 月 28 日访问。

第十二条　三维标志申请注册商标的限制条件

以三维标志申请注册商标的，仅由商品自身的性质产生的形状、为获得技术效果而需有的商品形状或者使商品具有实质性价值的形状，不得注册。

● **条文注释**

根据本法第八条规定，任何能够将自然人、法人或者其他组织的商品与他人的商品区别开的标志，包括三维标志，均可以作为商标申请注册。以三维标志申请注册商标与平面商标一样，也要具有显著特征，便于识别。不具有显著特征的三维标志，不得注册为商标。

本条对三维标志申请注册商标规定了三项限制条件：一是仅由商品自身的性质产生的形状，即为实现商品固有的功能和用途所必须采用的或者通常采用的形状，不得注册为商标。二是为获得技术效果而需有的商品形状，即为使商品具备特定的功能，或者使商品固有的功能更容易实现所必须使用的形状，不得注册为商标。三是为使商品具有实质性价值的形状，即为使商品的外观和造型影响商品价值所使用的形状，不得注册为商标。

第十三条　驰名商标的保护

为相关公众所熟知的商标，持有人认为其权利受到侵害时，可以依照本法规定请求驰名商标保护。

就相同或者类似商品申请注册的商标是复制、摹仿或者翻译他人未在中国注册的驰名商标，容易导致混淆的，不予注册并禁止使用。

就不相同或者不相类似商品申请注册的商标是复制、摹仿或者翻译他人已经在中国注册的驰名商标，误导公众，致使该驰名商标注册人的利益可能受到损害的，不予注册并禁止使用。

● **条文注释**

驰名商标适用被动保护原则，即商标局、商标评审委员会、人民法院等不得主动适用本法有关保护驰名商标的规定，只有当事人提出保护其驰名商标的申请后，才可以适用相应的规定。

● **相关规定**

《商标法实施条例》第3条、第72条；《最高人民法院关于审理商标民事纠纷案件适用法律若干问题的解释》第8条、第22条；《驰名商标认定和保护规定》第2条、第4条；《最高人民法院关于审理涉及计算机网络域名民事纠纷案件适用法律若干问题的解释》第4~6条；《最高人民法院关于审理涉及驰名商标保护的民事纠纷案件应用法律若干问题的解释》

第十四条 驰名商标的认定

驰名商标应当根据当事人的请求，作为处理涉及商标案件需要认定的事实进行认定。认定驰名商标应当考虑下列因素：

（一）相关公众对该商标的知晓程度；

（二）该商标使用的持续时间；

（三）该商标的任何宣传工作的持续时间、程度和地理范围；

（四）该商标作为驰名商标受保护的记录；

（五）该商标驰名的其他因素。

在商标注册审查、工商行政管理部门查处商标违法案件过程中，当事人依照本法第十三条规定主张权利的，商标局根据审查、处理案件的需要，可以对商标驰名情况作出认定。

在商标争议处理过程中，当事人依照本法第十三条规定主张权利的，商标评审委员会根据处理案件的需要，可以对商标驰名情况作出认定。

在商标民事、行政案件审理过程中，当事人依照本法第十三条规定主张权利的，最高人民法院指定的人民法院根据审理案件的需要，可以对商标驰名情况作出认定。

生产、经营者不得将"驰名商标"字样用于商品、商品包装或者容器上，或者用于广告宣传、展览以及其他商业活动中。

● *相关规定*

《商标法实施条例》第3条、第72条；《最高人民法院关于审理商标民事纠纷案件适用法律若干问题的解释》第8条、第22条；《驰名商标认定和保护规定》；《最高人民法院关于审理涉及驰名商标保护的民事纠纷案件应用法律若干问题的解释》

第十五条　恶意注册他人商标

未经授权，代理人或者代表人以自己的名义将被代理人或者被代表人的商标进行注册，被代理人或者被代表人提出异议的，不予注册并禁止使用。

就同一种商品或者类似商品申请注册的商标与他人在先使

用的未注册商标相同或者近似，申请人与该他人具有前款规定以外的合同、业务往来关系或者其他关系而明知该他人商标存在，该他人提出异议的，不予注册。

● 典型案例

重庆江小白酒业有限公司诉国家知识产权局、第三人重庆市江津酒厂（集团）有限公司商标权无效宣告行政纠纷案（最高人民法院指导案例162号）

重庆江小白酒业有限公司（以下简称江小白公司）与国家知识产权局、重庆市江津酒厂（集团）有限公司（以下简称江津酒厂）商标权无效宣告行政纠纷案中，诉争商标系第10325554号"江小白"商标，于2011年12月19日由成都格尚广告有限责任公司申请注册，核定使用在第33类酒类商品上，经核准，权利人先后变更为四川新蓝图商贸有限公司（以下简称新蓝图公司）、江小白公司。

重庆市江津区糖酒有限责任公司（包括江津酒厂等关联单位）与新蓝图公司（包括下属各地子公司、办事处等关联单位）于2012年2月20日签订销售合同和定制产品销售合同。定制产品销售合同明确约定授权新蓝图公司销售的产品为"几江"牌系列酒定制产品，其中并未涉及"江小白"商标，而且定制产品销售合同第一条约定，"甲方（江津酒厂）授权乙方（新蓝图公司）为'几江牌'江津老白干'清香一、二、三号'系列超清纯系列、年份陈酿系列酒定制产品经销商"。第六条之二明确约定，"乙方负责产品概念的创意、产品的包装设计、广告宣传的策划和实施、产品的二级经销渠道招商和维护，甲方给予全力配合。乙方的产品概念、包装设计、广告图案、广告用语、市场推广策划方案，甲方应予以尊重，未经乙方授权，不得用于甲方直接销售或者在甲方其他客户销售的产品上使用"。

2016年5月,江津酒厂针对诉争商标向原国家工商行政管理总局商标评审委员会(以下简称商标评审委员会)提出无效宣告请求。商标评审委员会认为,在诉争商标申请日之前,江小白公司对江津酒厂的"江小白"商标理应知晓,诉争商标的注册已构成2001年修正的商标法(以下简称2001年《商标法》)第十五条所指的不予注册并禁止使用之情形。故裁定对诉争商标予以宣告无效。江小白公司不服,提起行政诉讼。

北京知识产权法院于2017年12月25日作出(2017)京73行初1213号行政判决:一、撤销商标评审委员会作出的商评字〔2016〕第117088号关于第10325554号"江小白"商标无效宣告请求裁定;二、商标评审委员会针对江津酒厂就第10325554号"江小白"商标提出的无效宣告请求重新作出裁定。商标评审委员会、江津酒厂不服,上诉至北京市高级人民法院。北京市高级人民法院于2018年11月22日作出(2018)京行终2122号行政判决:一、撤销北京知识产权法院(2017)京73行初1213号行政判决;二、驳回江小白公司的诉讼请求。江小白公司不服,向最高人民法院申请再审。最高人民法院于2019年12月26日作出(2019)最高法行再224号行政判决:一、撤销北京市高级人民法院(2018)京行终2122号行政判决;二、维持北京知识产权法院(2017)京73行初1213号行政判决。

最高人民法院认为,本案的主要争议焦点在于,诉争商标的申请注册是否违反2001年《商标法》第十五条的规定。2001年《商标法》第十五条规定:"未经授权,代理人或者代表人以自己的名义将被代理人或者被代表人的商标进行注册,被代理人或者被代表人提出异议的,不予注册并禁止使用。"代理人或者代表人不得申请注册的商标标志，不仅包括与被代理人或者被代表人商标相同的标志，也包括相近似的标志；不得申请注册的商品既包括与被代理人或者被代表人商标所使用的商品相同的商品，也包括类似的商品。本案中，江津酒厂主张，新蓝图公司是其经销商，新蓝图公司是为其设计诉争商标，其在先使用诉争商标，因此诉争商标的申请注册违反了2001年《商标法》第十五条规定。

首先，江津酒厂提供的证据不足以证明其在先使用诉争商标。江津酒厂主张其在先使用诉争商标的证据绝大多数为诉争商标申请日之后形成的证据，涉及诉争商标申请日之前相关行为的证据有江津酒厂与重庆森欧酒类销售有限公司（以下简称森欧公司）的销售合同、产品送货单、审计报告。江津酒厂与森欧公司的销售合同已经在诉争商标异议复审程序中提交，因未体现森欧公司的签章、缺乏发票等其他证据佐证而未被商标评审委员会采信。江津酒厂在本案中提交的销售合同虽然有森欧公司的公章，但该合同显示的签订时间早于工商档案显示的森欧公司的成立时间，而且江津酒厂也认可该合同签订时间系倒签。根据江小白公司提交的再审证据即北京盛唐司法鉴定所出具的笔迹鉴定意见，江津酒厂给森欧公司送货单上的制单人笔迹真实性存在疑点，且没有发票等其他证据佐证，故上述证据无法证明江津酒厂在先使用诉争商标。江津酒厂在一审法院开庭后提交了审计报告作为在先使用证据。但在缺少原始会计凭证的情况下，仅凭在后受江津酒厂委托制作的审计报告中提到"江小白"白酒，不足以证明江津酒厂在诉争商标申请日前使用了"江小白"。此外，江津酒厂提交的其于2012年2月15日与重庆宝兴玻璃制品有限公司签订的购买"我是江小白"瓶的合同金额为69万元，远高于审计报告统计的销售额和销售毛利，也进一步表明无法认定审计报告的真实性。

其次，虽然江津酒厂与新蓝图公司存在经销关系，但双方的定制产品销售合同也同时约定定制产品的产品概念、广告用语等权利归新蓝图公司所有。在商标无效宣告和一、二审阶段，江津酒厂提供的证明其与新蓝图公司为经销关系的主要证据是双方于2012年2月20日签订的销售合同和定制产品销售合同。定制产品销售合同明确约定授权新蓝图公司销售的产品为"几江"牌系列酒定制产品，其中并未涉及"江小白"商标，而且定制产品销售合同明确约定，乙方（新蓝图公司）的产品概念、包装设计、广告图案、广告用语、市场推广策划方案，甲方（江津酒厂）应予以尊重，未经乙方授权，不得用于甲方直接销售或者在甲方其他客户销售的产品上使用。综上所述，应当认为，江津酒厂对新蓝图公司定制产品上除"几江"外的产品概念、广告用语等内容不享有知识产权，亦说明新蓝图公司申请注册"江小白"商标未损害江津酒厂的权利。本案证据不足以证明诉争商标是江津酒厂的商标，因此仅根据上述证据尚不能认定诉争商标的申请注册违反了2001年《商标法》第十五条规定。

最后，江津酒厂与新蓝图公司合作期间的往来邮件等证据证明，"江小白"的名称及相关产品设计系由时任新蓝图公司的法定代表人陶石泉在先提出。根据江小白公司向法院提交的相关证据能够证明"江小白"及其相关产品设计是由陶石泉一方在先提出并提供给江津酒厂，而根据双方定制产品销售合同的约定，产品概念及设计等权利属于新蓝图公司所有。现有证据不足以证明新蓝图公司是为江津酒厂设计商标。

综上所述，在诉争商标申请日前，"江小白"商标并非江津酒厂的商标，根据定制产品销售合同，江津酒厂对定制产品除其注册商标"几江"外的产品概念、广告用语等并不享有知识产权，新蓝图公司对诉争商标的申请注册并未侵害江津酒厂的合法权益，未违反2001年《商标法》第十五条规定。

第十六条 地理标志

商标中有商品的地理标志，而该商品并非来源于该标志所标示的地区，误导公众的，不予注册并禁止使用；但是，已经善意取得注册的继续有效。

前款所称地理标志，是指标示某商品来源于某地区，该商品的特定质量、信誉或者其他特征，主要由该地区的自然因素或者人文因素所决定的标志。

● **条文注释**

地理标志的核心构成要素是客观存在的"地理名称"而非臆造、虚构的词汇。因此对于使用地理标志的商品，必须来源于该地。在我国，地理标志可以作为证明商标或者集体商标申请注册。以地理标志作为证明商标注册的，其商品符合使用该地理标志条件的自然人、法人或者其他组织可以要求使用该证明商标，控制该证明商标的组织应当允许。以地理标志作为集体商标注册的，其商品符合使用该地理标志条件的自然人、法人或者其他组织，可以要求参加以该地理标志作为集体商标注册的团体、协会或者其他组织，该团体、协会或者其他组织应当依据其章程接纳为会员；不要求参加以该地理标志作为集体商标注册的团体、协会或者其他组织的，也可以正当使用该地理标志，该团体、协会或者其他组织无权禁止。

● **相关规定**

《商标法实施条例》第4条

第十七条 外国人在中国申请商标注册

外国人或者外国企业在中国申请商标注册的，应当按其所属国和中华人民共和国签订的协议或者共同参加的国际条约办理，或者按对等原则办理。

● *条文注释*

外国人或者外国企业在我国申请商标注册的，按照以下原则办理：一是按协议、条约办理。即按其所属国和中华人民共和国签订的协议或者共同参加的国际条约办理。二是按对等原则办理。所谓对等原则，是指国家与国家之间、国家与地区之间对某类事情的处理，互相给予对方以彼此同等的待遇。

● *相关规定*

《商标法实施条例》第5条

第十八条 商标代理机构

申请商标注册或者办理其他商标事宜，可以自行办理，也可以委托依法设立的商标代理机构办理。

外国人或者外国企业在中国申请商标注册和办理其他商标事宜的，应当委托依法设立的商标代理机构办理。

● *条文注释*

商标代理机构，是指接受委托人的委托，以委托人的名义办理商标注册申请或者其他商标事宜的法律服务机构。本条规定的"其他商标事宜"，是指申请注册商标的变更、续展、转让、异议、撤销、评审、侵权投诉等有关事宜，但不包括因为商标争议向法院提起诉讼的事宜。对外国人和外国企业进行强制性规定，主要是考虑到外国人和外国企业在我国没有经常居所或者营业所，在我国直接申请商标注册和办理其他商标事宜可能存在语言和书件送达障碍。为了保证申请书件的质量和有关文件的及时送达，使商标注册审查及其他相关工作顺利进行，法律要求外国人或者外国企业在我国申请商标注册和办理其他商标事宜应当委托依法设立的商标代理机构办理。

第十九条　商标代理机构的行为规范

商标代理机构应当遵循诚实信用原则，遵守法律、行政法规，按照被代理人的委托办理商标注册申请或者其他商标事宜；对在代理过程中知悉的被代理人的商业秘密，负有保密义务。

委托人申请注册的商标可能存在本法规定不得注册情形的，商标代理机构应当明确告知委托人。

商标代理机构知道或者应当知道委托人申请注册的商标属于本法第四条、第十五条和第三十二条规定情形的，不得接受其委托。

商标代理机构除对其代理服务申请商标注册外，不得申请注册其他商标。

● *相关案例索引*

"某丽芙"商标无效宣告案（国家知识产权局发布的2020年度十件商标异议、评审典型案例[1]之十）

马某辉申请注册2000余件与他人知名商标相同或者近似的商标，

---

[1] 《收藏！2020年度商标异议、评审典型案例来了》，载微信公众号"中国知识产权报"2021年5月4日，2023年10月28日访问。

且包括争议商标在内的大量商标由该代理机构代理申请。马某辉与代理机构具有抢注他人商标、囤积商标的共同故意，争议商标原申请人的行为应视为商标代理机构的行为。同时争议商标指定使用的化妆品等商品不属于《商标法》第十九条所规定的"代理服务"，虽后经转让，但申请注册争议商标时所具有的不正当性不因争议商标转让而改变。本案的典型意义在于，与商标代理机构具有串通合谋行为或者具有特定关系的人抢注、囤积商标的行为，应视为商标代理机构的行为，适用《商标法》第十九条规定予以规制。同时，争议商标现注册人是否善意受让取得争议商标不影响对上述行为的判断，因为"毒树之果"缺乏受法律保护的正当性基础。

第二十条　商标代理行业组织对会员的管理

商标代理行业组织应当按照章程规定，严格执行吸纳会员的条件，对违反行业自律规范的会员实行惩戒。商标代理行业组织对其吸纳的会员和对会员的惩戒情况，应当及时向社会公布。

● 条文注释

商标代理行业组织，是指商标代理机构在平等、自愿的基础上，为增进共同利益、实现共同意愿、维护合法权益，依法组织起来并按照其章程开展活动的非营利性、自律性的社会组织。

第二十一条　商标国际注册

商标国际注册遵循中华人民共和国缔结或者参加的有关国际条约确立的制度，具体办法由国务院规定。

第二章　商标注册的申请

第二十二条 商标注册申请的提出

商标注册申请人应当按规定的商品分类表填报使用商标的商品类别和商品名称，提出注册申请。

商标注册申请人可以通过一份申请就多个类别的商品申请注册同一商标。

商标注册申请等有关文件，可以以书面方式或者数据电文方式提出。

● *相关规定*

《商标法实施条例》第 6~16 条、第 18 条

第二十三条 注册申请的另行提出

注册商标需要在核定使用范围之外的商品上取得商标专用权的，应当另行提出注册申请。

● *条文注释*

"核定使用范围"，是指商标局核准的商标注册文件中列明的商品类别和商品范围。

第二十四条 注册申请的重新提出

注册商标需要改变其标志的，应当重新提出注册申请。

● *条文注释*

　　商标标志既包括平面标志，也包括立体标志。改变商标标志，既包括平面商标的标志，如文字、图形、字母、数字等，也包括立体商标所使用的三维标志。这些标志都是商标专用权的客体部分，在经过法定程序获得商标专用权之后，这些客体部分是不允许改变的。如果作了改变，那么改变后的商标就不能再按原有的注册商标使用，这是法律上的一个限制条件，也是商标是否合法使用的界限。所以改变标志后的商标不能按原有注册商标使用，合法的途径是重新提出注册申请，重新注册新的商标，取得商标使用权。

第二十五条　优先权及其手续

　　商标注册申请人自其商标在外国第一次提出商标注册申请之日起六个月内，又在中国就相同商品以同一商标提出商标注册申请的，依照该外国同中国签订的协议或者共同参加的国际条约，或者按照相互承认优先权的原则，可以享有优先权。

　　依照前款要求优先权的，应当在提出商标注册申请的时候提出书面声明，并且在三个月内提交第一次提出的商标注册申请文件的副本；未提出书面声明或者逾期未提交商标注册申请文件副本的，视为未要求优先权。

● *条文注释*

　　商标法规定的商标注册申请优先权的实质内容是，以某一个商标注册申请人在一成员国为一项商标提出的正式申请为基础，在一定期间内同一申请人可以在其他各成员国申请对该商标的保护，这些在后的申请被认为是与第一次申请同一天提出的。这项关于优先权的规定，对于意欲在多个国家得到保护的申请人，是会有许多实际利益的。

在提出商标注册申请的时候，提出要求优先权的书面声明，三个月内提交第一次提出的商标注册申请文件的副本，以保障优先权的行使。

第二十六条　国际展览会中的临时保护

商标在中国政府主办的或者承认的国际展览会展出的商品上首次使用的，自该商品展出之日起六个月内，该商标的注册申请人可以享有优先权。

依照前款要求优先权的，应当在提出商标注册申请的时候提出书面声明，并且在三个月内提交展出其商品的展览会名称、在展出商品上使用该商标的证据、展出日期等证明文件；未提出书面声明或者逾期未提交证明文件的，视为未要求优先权。

● *条文注释*

列入保护的范围为中国政府主办的或者承认的国际展览会，不是由我国政府主办或者我国不予承认的国际展览会上展出的商品首次使用的商标不享有临时保护及商标申请优先权。保护对象为在上述国际展览会展出的商品上首次使用的商标，即该商标在国际展览会召开之前没有使用过。保护的内容为自该商品展出之日起六个月内，该商标的注册申请人可以享有优先权。要求优先权的，应当在提出商标注册申请时提出书面声明，这是要求获得优先权的一项必要程序。在提出商标注册申请和提出要求优先权的书面声明后，三个月内提交法定的有关证明文件，包括展出其商品的展览会名称、在展出商品上使用该商标的证据、展出日期等证明文件。

第二十七条　申报事项和材料的真实、准确、完整

　　为申请商标注册所申报的事项和所提供的材料应当真实、准确、完整。

● *条文注释*

　　首先，要求所申报的事项和所提供的材料应当是真实的，不能有弄虚作假的行为，更不允许捏造事实和欺诈。

　　其次，要求商标注册申请所申报的事项和所提供的资料应当是准确可靠的，应当是确定的而不能是模糊不清的。

　　最后，要求商标注册申请所申报的事项和所提供的材料应当是完整的，不能是残缺不全的。

第三章　商标注册的审查和核准

第二十八条　初步审定并公告

　　对申请注册的商标，商标局应当自收到商标注册申请文件之日起九个月内审查完毕，符合本法有关规定的，予以初步审定公告。

● *条文注释*

　　对申请注册商标的初步审定，是商标注册审查中的一个重要环节。它是指对商标注册申请手续、申请文件、商标的基本标准、商标的注册条件等事项进行审查、检索、分析对比。经过上述的审查过程，认定申请注册的商标是否符合商标法的规定，并决定是否作出初步审定的决定。初步审定的期限为九个月，自收到商标注册申请文件之日开始计算。

第二十九条 商标注册申请内容的说明和修正

在审查过程中，商标局认为商标注册申请内容需要说明或者修正的，可以要求申请人做出说明或者修正。申请人未做出说明或者修正的，不影响商标局做出审查决定。

第三十条 商标注册申请的驳回

申请注册的商标，凡不符合本法有关规定或者同他人在同一种商品或者类似商品上已经注册的或者初步审定的商标相同或者近似的，由商标局驳回申请，不予公告。

● **相关案例索引**

1. 知识产权代理公司商标驳回复审行政纠纷案［最高人民法院（2018）最高法行再96号行政判决书］

构成《商标法》第三十条所规定的申请商标权利障碍的，应当是已经注册或者初步审定的有效商标。我国商标法采用的是注册商标审查制度，在审查期间，客观上无法避免在此期间可能发生的情势变化，这也是商标注册制度设计的组成部分。判断服务是否类似，应当考虑服务的目的、内容、方式、对象等是否相同或者具有较大的关联性，《类似商品和服务区分表》可以作为判断类似服务的参考。

2. "某待百"商标案及"某多加喱"商标异议案（国家知识产权局发布的2020年度十件商标异议、评审典型案例[①]之四）

异议人的"某待"与"百某多"商标经过长期宣传、使用，在咖喱产品行业已具有一定知名度，被异议商标与其在文字构成上近似，且

[①]《收藏！2020年度商标异议、评审典型案例来了》，载微信公众号"中国知识产权报"2021年5月4日，2023年10月28日访问。

被异议商标指定使用商品与引证商标核定使用商品均为食用淀粉、咖喱粉等类似商品，并存使用易导致消费者对商品来源产生混淆、误认，构成使用在类似商品上的近似商标，违反了《商标法》第三十条规定。本案的典型意义在于，对于将他人知名商标进行改动、拆分等方式申请商标注册的行为，在商标审查时，不再孤立审查，割裂各商标之间的内在联系，而是将申请人在同一主观恶意支配下申请的系列商标作为整体考虑，将上述多个异议案件合并审理，从而全面考虑双方商标的近似程度、在先商标的知名度、在后商标申请人的主观意图等因素，以达到制止"傍名牌"行为、实现公平公正的审理结果之目的。

第三十一条　申请在先原则

两个或者两个以上的商标注册申请人，在同一种商品或者类似商品上，以相同或者近似的商标申请注册的，初步审定并公告申请在先的商标；同一天申请的，初步审定并公告使用在先的商标，驳回其他人的申请，不予公告。

第三十二条　在先权利与恶意抢注

申请商标注册不得损害他人现有的在先权利，也不得以不正当手段抢先注册他人已经使用并有一定影响的商标。

● 条文注释

将他人享有权利的客体注册商标，本质上是一种侵权行为，侵犯的是在先权利人对其权利客体的专有或专用权。申请人不能因为其侵犯在先权的行为产生所谓的"在后权"。因此即使商标通过了注册，也可以予以撤销。但是这个原则也不是绝对的。实践中有的在先权利人明知他人将其在先权保护的客体拿去注册商标但不加以理会，等到商标使用人通过自己的经营，使得该商标广为公众所知，具有了极高的价值之后，才以撤销该商标为威胁向商标使用人要求高额许可费，这无疑对商标使用人有失公平，而此时如果允许撤销，也会对市场秩序产生影响。为了抑制这种情况的发生，避免商标使用人的权利长期处于不稳定状态，法律规定了在先权利人享有撤销权的期间。这其实是知识产权的利益平衡原则在商标法上的一个具体体现。

● *典型案例*

迈克尔·杰弗里·乔丹与国家工商行政管理总局商标评审委员会、乔丹体育股份有限公司"乔丹"商标争议行政纠纷案（最高人民法院指导案例113号）

再审申请人迈克尔·杰弗里·乔丹（以下简称迈克尔·乔丹）与被申请人国家工商行政管理总局商标评审委员会（以下简称商标评审委员会）、一审第三人乔丹体育股份有限公司（以下简称乔丹公司）商标争议行政纠纷案中，涉及乔丹公司的第6020569号"乔丹"商标（涉案商标），核定使用在国际分类第28类的体育活动器械、游泳池（娱乐用）、旱冰鞋、圣诞树装饰品（灯饰和糖果除外）。再审申请人主张该商标含有其英文姓名的中文译名"乔丹"，属于2001年修正的《商标法》第三十一条规定的"损害他人现有的在先权利"的情形，故向商标评审委员会提出撤销申请。

商标评审委员会认为，涉案商标"乔丹"与"Michael Jordan"及其中文译名"迈克尔·乔丹"存在一定区别，并且"乔丹"为英美普通姓氏，难以认定这一姓氏与"迈克尔·乔丹"之间存在当然的对应关系，故裁定维持涉案商标。再审申请人不服，向北京市第一中级人民法院提起行政诉讼。

北京市第一中级人民法院于 2015 年 4 月 1 日作出（2014）一中行（知）初字第 9163 号行政判决，驳回迈克尔·杰弗里·乔丹的诉讼请求。迈克尔·杰弗里·乔丹不服一审判决，提起上诉。北京市高级人民法院于 2015 年 8 月 17 日作出（2015）高行（知）终字第 1915 号行政判决，驳回迈克尔·杰弗里·乔丹上诉，维持原判。迈克尔·杰弗里·乔丹仍不服，向最高人民法院申请再审。最高人民法院提审后，于 2016 年 12 月 7 日作出（2016）最高法行再 27 号行政判决：一、撤销北京市第一中级人民法院（2014）一中行（知）初字第 9163 号行政判决；二、撤销北京市高级人民法院（2015）高行（知）终字第 1915 号行政判决；三、撤销国家工商行政管理总局商标评审委员会商评字〔2014〕第 052058 号关于第 6020569 号"乔丹"商标争议裁定；四、国家工商行政管理总局商标评审委员会对第 6020569 号"乔丹"商标重新作出裁定。

最高人民法院认为，本案争议焦点为争议商标的注册是否损害了再审申请人就"乔丹"主张的姓名权，违反 2001 年修正的《商标法》第三十一条关于"申请商标注册不得损害他人现有的在先权利"的规定。判决主要认定如下：

一、关于再审申请人主张保护姓名权的法律依据

《商标法》第三十一条规定，"申请商标注册不得损害他人现有的在先权利"。对于商标法已有特别规定的在先权利，应当根据商标法的特别规定予以保护。对于商标法虽无特别规定，但根据民法通则、侵权责任法和其他法律的规定应予保护，并且在争议商标申请日之前已由民事主体依法享有的民事权利或者民事权益，应当根据该概括性规定给予保护。《民法通则》第九十九条第一款、《侵权责任法》第二条第二款均明确规定，自然人依法享有姓名权。故姓名权可以构

成《商标法》第三十一条规定的"在先权利"。争议商标的注册损害他人在先姓名权的,应当认定该争议商标的注册违反《商标法》第三十一条的规定。

姓名被用于指代、称呼、区分特定的自然人,姓名权是自然人对其姓名享有的重要人身权。随着我国社会主义市场经济不断发展,具有一定知名度的自然人将其姓名进行商业化利用,通过合同等方式为特定商品、服务代言并获得经济利益的现象已经日益普遍。在适用《商标法》第三十一条的规定对他人的在先姓名权予以保护时,不仅涉及对自然人人格尊严的保护,而且涉及对自然人姓名,尤其是知名人物姓名所蕴含的经济利益的保护。未经许可擅自将他人享有在先姓名权的姓名注册为商标,容易导致相关公众误认为标记有该商标的商品或者服务与该自然人存在代言、许可等特定联系的,应当认定该商标的注册损害他人的在先姓名权,违反《商标法》第三十一条的规定。

二、关于再审申请人主张的姓名权所保护的具体内容

自然人依据《商标法》第三十一条的规定,就特定名称主张姓名权保护时,应当满足必要的条件。

其一,该特定名称应具有一定知名度、为相关公众所知悉,并用于指代该自然人。《最高人民法院关于审理不正当竞争民事案件应用法律若干问题的解释》第六条第二款是针对"擅自使用他人的姓名,引人误认为是他人的商品"的不正当竞争行为的认定作出的司法解释,该不正当竞争行为本质上也是损害他人姓名权的侵权行为。认定该行为时所涉及的"引人误认为是他人的商品",与本案中认定争议商标的注册是否容易导致相关公众误认为存在代言、许可等特定联系是密切相关的。因此,在本案中可参照适用上述司法解释的规定,确定自然人姓名权保护的条件。

其二，该特定名称应与该自然人之间已建立稳定的对应关系。在解决本案涉及的在先姓名权与注册商标权的权利冲突时，应合理确定在先姓名权的保护标准，平衡在先姓名权人与商标权人的利益。既不能由于争议商标标志中使用或包含有仅为部分人所知悉或临时性使用的自然人"姓名"，即认定争议商标的注册损害该自然人的姓名权；也不能如商标评审委员会所主张的那样，以自然人主张的"姓名"与该自然人形成"唯一"对应为前提，对自然人主张姓名权的保护提出过苛的标准。自然人所主张的特定名称与该自然人已经建立稳定的对应关系时，即使该对应关系达不到"唯一"的程度，也可以依法获得姓名权的保护。综上所述，在适用《商标法》第三十一条关于"不得损害他人现有的在先权利"的规定时，自然人就特定名称主张姓名权保护的，该特定名称应当符合以下三项条件：一是该特定名称在我国具有一定的知名度、为相关公众所知悉；二是相关公众使用该特定名称指代该自然人；三是该特定名称已经与该自然人之间建立了稳定的对应关系。

在判断外国人能否就其外文姓名的部分中文译名主张姓名权保护时，需要考虑我国相关公众对外国人的称谓习惯。中文译名符合前述三项条件的，可以依法主张姓名权的保护。本案现有证据足以证明"乔丹"在我国具有较高的知名度、为相关公众所知悉，我国相关公众通常以"乔丹"指代再审申请人，并且"乔丹"已经与再审申请人之间形成了稳定的对应关系，故再审申请人就"乔丹"享有姓名权。

三、关于再审申请人及其授权的耐克公司是否主动使用"乔丹"，其是否主动使用的事实对于再审申请人在本案中主张的姓名权有何影响

首先，根据《民法通则》第九十九条第一款的规定，"使用"是姓名权人享有的权利内容之一，并非其承担的义务，更不是姓名权人

"禁止他人干涉、盗用、假冒",主张保护其姓名权的法定前提条件。

其次,在适用《商标法》第三十一条的规定保护他人在先姓名权时,相关公众是否容易误认为标记有争议商标的商品或者服务与该自然人存在代言、许可等特定联系,是认定争议商标的注册是否损害该自然人姓名权的重要因素。因此,在符合前述有关姓名权保护的三项条件的情况下,自然人有权根据《商标法》第三十一条的规定,就其并未主动使用的特定名称获得姓名权的保护。

最后,对于在我国具有一定知名度的外国人,其本人或者利害关系人可能并未在我国境内主动使用其姓名;或者由于便于称呼、语言习惯、文化差异等原因,我国相关公众、新闻媒体所熟悉和使用的"姓名"与其主动使用的姓名并不完全相同。例如在本案中,我国相关公众、新闻媒体普遍以"乔丹"指代再审申请人,而再审申请人、耐克公司则主要使用"迈克尔·乔丹"。但不论是"迈克尔·乔丹"还是"乔丹",在相关公众中均具有较高的知名度,均被相关公众普遍用于指代再审申请人,且再审申请人并未提出异议或者反对。故商标评审委员会、乔丹公司关于再审申请人、耐克公司未主动使用"乔丹",再审申请人对"乔丹"不享有姓名权的主张,不予支持。

四、关于乔丹公司对于争议商标的注册是否存在明显的主观恶意

本案中,乔丹公司申请注册争议商标时是否存在主观恶意,是认定争议商标的注册是否损害再审申请人姓名权的重要考量因素。本案证据足以证明乔丹公司是在明知再审申请人及其姓名"乔丹"具有较高知名度的情况下,并未与再审申请人协商、谈判以获得其许可或授权,而是擅自注册了包括争议商标在内的大量与再审申请人密切相关的商标,放任相关公众误认为标记有争议商标的商品与再审申请人存在特定联系的损害结果,使得乔丹公司无须付出过多成本,即可实现由再审

申请人为其"代言"等效果。乔丹公司的行为有违《民法通则》第四条规定的诚实信用原则，其对于争议商标的注册具有明显的主观恶意。

五、关于乔丹公司的经营状况，以及乔丹公司对其企业名称、有关商标的宣传、使用、获奖、被保护等情况，对本案具有何种影响

乔丹公司的经营状况，以及乔丹公司对其企业名称、有关商标的宣传、使用、获奖、被保护等情况，均不足以使争议商标的注册具有合法性。

其一，从权利的性质以及损害在先姓名权的构成要件来看，姓名被用于指代、称呼、区分特定的自然人，姓名权是自然人对其姓名享有的人身权。而商标的主要作用在于区分商品或者服务来源，属于财产权，与姓名权是性质不同的权利。在认定争议商标的注册是否损害他人在先姓名权时，关键在于是否容易导致相关公众误认为标记有争议商标的商品或者服务与姓名权人之间存在代言、许可等特定联系，其构成要件与侵害商标权的认定不同。因此，即使乔丹公司经过多年的经营、宣传和使用，使得乔丹公司及其"乔丹"商标在特定商品类别上具有较高知名度，相关公众能够认识到标记有"乔丹"商标的商品来源于乔丹公司，也不足以据此认定相关公众不容易误认为标记有"乔丹"商标的商品与再审申请人之间存在代言、许可等特定联系。

其二，乔丹公司恶意申请注册争议商标，损害再审申请人的在先姓名权，明显有悖于诚实信用原则。商标评审委员会、乔丹公司主张的市场秩序或者商业成功并不完全是乔丹公司诚信经营的合法成果，而是一定程度上建立于相关公众误认的基础之上。维护此种市场秩序或者商业成功，不仅不利于保护姓名权人的合法权益，而且不利于保障消费者的利益，更不利于净化商标注册和使用环境。

● *相关案例索引*

1. **"某家族某京冒菜"商标异议案**（国家知识产权局发布的2020年度十件商标异议、评审典型案例①之二）

被异议商标易使相关公众认为其指定使用服务来源于"某京"角色名称的相关权利人或与其具有特定联系，进而产生混淆、误认，使被异议人获取本应属于异议人的交易机会。被异议人申请注册被异议商标的行为不当利用了异议人所创立角色的知名度及影响力，可能会使异议人丧失因该角色名称所带来的商业价值或商业机会，对异议人在先权益造成损害，被异议商标的申请注册已构成《商标法》第三十二条所指"损害他人现有的在先权利"之情形。本案的典型意义在于，在判断申请注册的商标是否损害他人角色名称权益时，需要综合考虑角色名称的知名度和影响力以及是否存在混淆、误认的可能性。角色名称的保护范围与其知名度和影响力成正比，知名度越高影响力越大，导致相关公众产生混淆、误认的可能性越大，保护范围越宽。当申请注册的商标指定使用的商品或服务与他人角色名称衍生产品或服务具有重合可能性时，应当从保护角色名称承载的正当利益、防止相关公众误认的角度出发，坚决制止不正当竞争行为。

2. **"某神"商标异议案**（国家知识产权局发布的2020年度十件商标异议、评审典型案例②之三）

被异议人及关联公司除被异议商标外，还申请注册了大量与他人在先注册或在先使用的商标文字相同或近似的商标，已被多家主体提出异议，被异议人未就此作出合理解释。被异议人申请注册被异议商

---

① 《收藏！2020年度商标异议、评审典型案例来了》，载微信公众号"中国知识产权报"2021年5月4日，2023年10月28日访问。
② 《收藏！2020年度商标异议、评审典型案例来了》，载微信公众号"中国知识产权报"2021年5月4日，2023年10月28日访问。

标的行为具有明显抄袭、摹仿他人商标的故意，该注册行为违反了《商标法》第四十四条禁止"以欺骗手段或者其他不正当手段取得注册"的立法精神。该案与其他恶意抢注案件的不同之处在于，被异议人并非抢注知名品牌，而是抢注天猫网店名称。对于此类注册申请的审查不限于申请人，还会考量与申请人存在特定关系的主体。在异议程序中通过查询关联企业信息、商标申请审查、关联案件审理情况等，对商标申请人及关联企业的申请注册行为进行综合分析、研判，甄别是否具有恶意注册情形，从而有效地限缩申请人恶意注册的空间，更好地实现立法意图，维护正常的商标注册和管理秩序。

3. "某米××MI"商标异议案（国家知识产权局发布的2020年度十件商标异议、评审典型案例[①]之五）

被异议商标指定使用商品与引证商标核定使用商品属于同一种或类似商品，被异议商标完整包含异议人具有独特设计的引证商标，双方商标构成使用在同一种或类似商品上的近似商标。异议人提供的著作权登记证书表明异议人对该作品享有在先著作权，而被异议商标英文部分中的"MI"与该作品在设计手法、表现形式、视觉效果等方面相近，已构成实质性近似，被异议人申请注册被异议商标构成对异议人在先著作权的侵犯。本案的典型意义在于，在认定商标近似时，坚持整体观察，并充分考虑异议人在先商标知名度，被异议人攀附其商誉之主观意图；在认定侵犯著作权时，准确理解实质性相似的判断标准，回归著作权保护之本意。该案典型意义在于，在商标权与著作权并存的情况下，厘清两种权利的保护要件和规则，两个条款的运用并行不悖，有力制止了商标注册申请中的"傍名牌""搭便车"等行为。

[①]《收藏！2020年度商标异议、评审典型案例来了》，载微信公众号"中国知识产权报"2021年5月4日，2023年10月28日访问。

第三十三条　商标异议和核准注册

对初步审定公告的商标，自公告之日起三个月内，在先权利人、利害关系人认为违反本法第十三条第二款和第三款、第十五条、第十六条第一款、第三十条、第三十一条、第三十二条规定的，或者任何人认为违反本法第四条、第十条、第十一条、第十二条、第十九条第四款规定的，可以向商标局提出异议。公告期满无异议的，予以核准注册，发给商标注册证，并予公告。

● 条文注释

异议，是指在先权利人、利害关系人对商标局初步审定予以公告的商标，提出反对注册的意见。即商标局受理商标注册申请后，根据商标法的规定进行审查。将符合注册条件的商标注册申请进行公告，让在先权利人、利害关系人对该商标的注册提出意见。当出现不以使用为目的的恶意商标注册申请、不得作为商标注册的情形、不得作为商标使用的情形、商标代理机构申请注册除其代理服务外的其他商标的，提出异议主体不受在先权利人或利害关系人的身份限制，可以是任何人。

● 相关规定

《商标法实施条例》第24条、第27条、第64条、第74条；《驰名商标认定和保护规定》第5条

第三十四条　驳回商标申请的处理

对驳回申请、不予公告的商标，商标局应当书面通知商标注册申请人。商标注册申请人不服的，可以自收到通知之日起

十五日内向商标评审委员会申请复审。商标评审委员会应当自收到申请之日起九个月内做出决定,并书面通知申请人。有特殊情况需要延长的,经国务院工商行政管理部门批准,可以延长三个月。当事人对商标评审委员会的决定不服的,可以自收到通知之日起三十日内向人民法院起诉。

● *相关规定*
《商标法实施条例》第 21 条

第三十五条　商标异议的处理

对初步审定公告的商标提出异议的,商标局应当听取异议人和被异议人陈述事实和理由,经调查核实后,自公告期满之日起十二个月内做出是否准予注册的决定,并书面通知异议人和被异议人。有特殊情况需要延长的,经国务院工商行政管理部门批准,可以延长六个月。

商标局做出准予注册决定的,发给商标注册证,并予公告。异议人不服的,可以依照本法第四十四条、第四十五条的规定向商标评审委员会请求宣告该注册商标无效。

商标局做出不予注册决定,被异议人不服的,可以自收到通知之日起十五日内向商标评审委员会申请复审。商标评审委员会应当自收到申请之日起十二个月内做出复审决定,并书面通知异议人和被异议人。有特殊情况需要延长的,经国务院工商行政管理部门批准,可以延长六个月。被异议人对商标评审委员会的决定不服的,可以自收到通知之日起三十日内向人民法院起诉。人民法院应当通知异议人作为第三人参加诉讼。

商标评审委员会在依照前款规定进行复审的过程中，所涉及的在先权利的确定必须以人民法院正在审理或者行政机关正在处理的另一案件的结果为依据的，可以中止审查。中止原因消除后，应当恢复审查程序。

第三十六条 有关决定的生效及效力

法定期限届满，当事人对商标局做出的驳回申请决定、不予注册决定不申请复审或者对商标评审委员会做出的复审决定不向人民法院起诉的，驳回申请决定、不予注册决定或者复审决定生效。

经审查异议不成立而准予注册的商标，商标注册申请人取得商标专用权的时间自初步审定公告三个月期满之日起计算。自该商标公告期满之日起至准予注册决定做出前，对他人在同一种或者类似商品上使用与该商标相同或者近似的标志的行为不具有追溯力；但是，因该使用人的恶意给商标注册人造成的损失，应当给予赔偿。

● *相关规定*

《商标法实施条例》第 7 条、第 10 条、第 21 条、第 24 条、第 27 条、第 28 条

第三十七条 及时审查原则

对商标注册申请和商标复审申请应当及时进行审查。

第三十八条　商标申请文件或注册文件错误的更正

商标注册申请人或者注册人发现商标申请文件或者注册文件有明显错误的，可以申请更正。商标局依法在其职权范围内作出更正，并通知当事人。

前款所称更正错误不涉及商标申请文件或者注册文件的实质性内容。

● 条文注释

本条在规定商标注册申请人或者注册人可以申请更正商标申请文件或者注册文件中的明显错误的同时，又规定这种更正不能涉及商标申请文件或者注册文件的实质性内容。因为如果涉及实质性的内容，比如对商标构成要素进行更正，实际上是将原商标变成一个新的商标。在这种情况下就应当重新提出商标注册申请，在申请日期上就不能沿用原来商标申请的日期。是否准予注册，还要由商标局依法进行审查。

第四章　注册商标的续展、变更、转让和使用许可

第三十九条　注册商标的有效期限

注册商标的有效期为十年，自核准注册之日起计算。

第四十条　续展手续的办理

注册商标有效期满，需要继续使用的，商标注册人应当在期满前十二个月内按照规定办理续展手续；在此期间未能办理的，可以给予六个月的宽展期。每次续展注册的有效期为十年，

自该商标上一届有效期满次日起计算。期满未办理续展手续的，注销其注册商标。

商标局应当对续展注册的商标予以公告。

第四十一条　注册商标的变更

注册商标需要变更注册人的名义、地址或者其他注册事项的，应当提出变更申请。

● **条文注释**

无论是注册人的名义发生了改变，还是注册人的地址或者其他注册事项发生了改变，都需要办理注册商标的变更手续。要提出变更申请，提交变更注册事项申请书，以及有关变更的证明材料，这种申请如果经过商标局的核准，则由商标局发给相应的证明，并予以公告。

● **相关规定**

《商标法实施条例》第17条、第30条

第四十二条　注册商标的转让

转让注册商标的，转让人和受让人应当签订转让协议，并共同向商标局提出申请。受让人应当保证使用该注册商标的商品质量。

转让注册商标的，商标注册人对其在同一种商品上注册的近似的商标，或者在类似商品上注册的相同或者近似的商标，应当一并转让。

对容易导致混淆或者有其他不良影响的转让，商标局不予核准，书面通知申请人并说明理由。

转让注册商标经核准后，予以公告。受让人自公告之日起享有商标专用权。

第四十三条　注册商标的使用许可

商标注册人可以通过签订商标使用许可合同，许可他人使用其注册商标。许可人应当监督被许可人使用其注册商标的商品质量。被许可人应当保证使用该注册商标的商品质量。

经许可使用他人注册商标的，必须在使用该注册商标的商品上标明被许可人的名称和商品产地。

许可他人使用其注册商标的，许可人应当将其商标使用许可报商标局备案，由商标局公告。商标使用许可未经备案不得对抗善意第三人。

● *典型案例*

饮料公司与医药保健公司商标权权属纠纷案［最高人民法院（2020）最高法民终394号民事判决书］

医药保健公司与案外人签订合资合同，约定成立合资公司，即饮料公司，医药保健公司为饮料公司提供产品配方、工艺技术、商标和后续改进技术。双方曾约定，饮料公司产品使用的商标是该公司的资产。经查，17枚"×牛"系列商标的商标权人均为医药保健公司。其后，医药保健公司与饮料公司先后就"×牛"系列商标签订多份商标许可使用合同，饮料公司支付了许可使用费。此后，饮料公司针对"×牛"系列商标的产品，进行了大量市场推广和广告投入。饮料公司和医药保健公司均对"×牛"系列商标进行过维权及诉讼事宜。后饮料公司向北京市高级人民法院提起诉讼，请求确认其享有"×牛"

商标权，并判令医药保健公司支付广告宣传费用37.53亿元。

一审法院判决驳回饮料公司的全部诉讼请求。饮料公司不服，上诉至最高人民法院。最高人民法院二审认为，原始取得与继受取得是获得注册商标专用权的两种方式。判断是否构成继受取得，应当审查当事人之间是否就权属变更、使用期限、使用性质等做出了明确约定，并根据当事人的真实意思表示及实际履行情况综合判断。在许可使用关系中，被许可人使用并宣传商标，或维护被许可使用商标声誉的行为，均不能当然地成为获得商标权的事实基础。最高人民法院遂终审判决驳回上诉，维持原判。

本案是当事人系列纠纷中的核心争议。本案判决厘清了商标转让与商标许可使用的法律界限，裁判规则对同类案件具有示范意义，释放出平等保护国内外经营者合法权益的积极信号，是司法服务高质量发展、助力改善优化营商环境的生动实践。

● **相关规定**

《商标法实施条例》第69条；《最高人民法院关于审理商标民事纠纷案件适用法律若干问题的解释》第3条

第五章　注册商标的无效宣告

第四十四条　注册不当商标的处理

已经注册的商标，违反本法第四条、第十条、第十一条、第十二条、第十九条第四款规定的，或者是以欺骗手段或者其他不正当手段取得注册的，由商标局宣告该注册商标无效；其他单位或者个人可以请求商标评审委员会宣告该注册商标无效。

商标局做出宣告注册商标无效的决定,应当书面通知当事人。当事人对商标局的决定不服的,可以自收到通知之日起十五日内向商标评审委员会申请复审。商标评审委员会应当自收到申请之日起九个月内做出决定,并书面通知当事人。有特殊情况需要延长的,经国务院工商行政管理部门批准,可以延长三个月。当事人对商标评审委员会的决定不服的,可以自收到通知之日起三十日内向人民法院起诉。

其他单位或者个人请求商标评审委员会宣告注册商标无效的,商标评审委员会收到申请后,应当书面通知有关当事人,并限期提出答辩。商标评审委员会应当自收到申请之日起九个月内做出维持注册商标或者宣告注册商标无效的裁定,并书面通知当事人。有特殊情况需要延长的,经国务院工商行政管理部门批准,可以延长三个月。当事人对商标评审委员会的裁定不服的,可以自收到通知之日起三十日内向人民法院起诉。人民法院应当通知商标裁定程序的对方当事人作为第三人参加诉讼。

● *相关案例索引*

"某铜"系列商标无效宣告案(国家知识产权局发布的2020年度十件商标异议、评审典型案例[①]之六)

争议商标与申请人企业名称的简称完全相同,被申请人三方核心股东重合,具有关联关系,其大量申请、囤积注册商标,以合作为

[①]《收藏!2020年度商标异议、评审典型案例来了》,载微信公众号"中国知识产权报"2021年5月4日,2023年10月28日访问。

名索取高额转让费，同时利用注册商标进行恶意诉讼，明显有悖于诚实信用原则，具有通过抢注商标牟取不正当利益的目的，构成《商标法》第四条规定所指"不以使用为目的的恶意商标注册申请"及第四十四条第一款规定所指以"其他不正当手段取得注册"的情形。

第四十五条 对与他人在先权利相冲突的注册商标的处理

已经注册的商标，违反本法第十三条第二款和第三款、第十五条、第十六条第一款、第三十条、第三十一条、第三十二条规定的，自商标注册之日起五年内，在先权利人或者利害关系人可以请求商标评审委员会宣告该注册商标无效。对恶意注册的，驰名商标所有人不受五年的时间限制。

商标评审委员会收到宣告注册商标无效的申请后，应当书面通知有关当事人，并限期提出答辩。商标评审委员会应当自收到申请之日起十二个月内做出维持注册商标或者宣告注册商标无效的裁定，并书面通知当事人。有特殊情况需要延长的，经国务院工商行政管理部门批准，可以延长六个月。当事人对商标评审委员会的裁定不服的，可以自收到通知之日起三十日内向人民法院起诉。人民法院应当通知商标裁定程序的对方当事人作为第三人参加诉讼。

商标评审委员会在依照前款规定对无效宣告请求进行审查的过程中，所涉及的在先权利的确定必须以人民法院正在审理或者行政机关正在处理的另一案件的结果为依据的，可以中止审查。中止原因消除后，应当恢复审查程序。

● *相关案例索引*

凌琳公司等与商标评审委员会商标权无效宣告行政纠纷案［北京市高级人民法院（2018）京行终2552号行政判决书］

"在先权利人或者利害关系人"是指相应民事权利或合法利益有可能受到已经注册的商标损害的特定主体。"利害关系人"仅指与在先权利有利害关系的人，并不包括与在先权利不具有利害关系、仅因争议商标的注册与否而受到影响的其他人。

● *相关规定*

《最高人民法院关于审理注册商标、企业名称与在先权利冲突的民事纠纷案件若干问题的规定》

第四十六条　有关宣告注册商标无效或维持的决定、裁定生效

法定期限届满，当事人对商标局宣告注册商标无效的决定不申请复审或者对商标评审委员会的复审决定、维持注册商标或者宣告注册商标无效的裁定不向人民法院起诉的，商标局的决定或者商标评审委员会的复审决定、裁定生效。

第四十七条　宣告注册商标无效的法律效力

依照本法第四十四条、第四十五条的规定宣告无效的注册商标，由商标局予以公告，该注册商标专用权视为自始即不存在。

宣告注册商标无效的决定或者裁定，对宣告无效前人民法院做出并已执行的商标侵权案件的判决、裁定、调解书和工商行政管理部门做出并已执行的商标侵权案件的处理决定以及已经履行的商标转让或者使用许可合同不具有追溯力。但是，因商标注册人的恶意给他人造成的损失，应当给予赔偿。

依照前款规定不返还商标侵权赔偿金、商标转让费、商标使用费，明显违反公平原则的，应当全部或者部分返还。

● *条文注释*

注册商标宣告无效，其商标专用权在法律上被认为是从来没有存在过。换言之，宣告注册商标无效，就是宣告注册商标从注册时起就无效，即在法律上不承认该注册商标专用权的存在或者曾经存在。

● *典型案例*

广州指某服务有限公司、广州中某管理咨询服务有限公司与迅某商贸有限公司等侵害商标权抗诉案（检察机关保护知识产权服务保障创新驱动发展典型案例[①]之九）

广州指某服务有限公司（以下简称指某公司）、广州中某管理咨询服务有限公司（以下简称中某公司）享有第10619×××号注册商标专用权，该商标核定使用商品为第25类服装等。2014年1月，指某公司、中某公司发现迅某商贸有限公司（以下简称迅某公司）及其深圳花园城商业中心店（以下简称花园城店）将第10619×××号注册商标字样标识用于羽绒服的吊牌、收纳袋、互联网广告、展架装潢上，并被突出使用。指某公司、中某公司以被控侵权标识与注册商标易造成混淆误认，构成对指某公司、中某公司注册商标专用权的侵害为由，向深圳市南山区人民法院提起诉讼。

深圳市南山区人民法院一审认为：迅某公司及花园城店使用被控侵权标识的行为构成商标侵权，判决迅某公司、花园城店停止侵害，并赔

---

① 《检察机关保护知识产权服务保障创新驱动发展典型案例》，载最高人民检察院网，https://www.spp.gov.cn/spp/xwfbh/wsfbt/202204/t20220425_555133.shtml#2，2023年10月20日访问。

偿指某公司、中某公司包括维权合理开支在内的经济损失人民币5万元，驳回其他诉讼请求。迅某公司、花园城店上诉至深圳市中级人民法院，二审判决驳回上诉，维持原判。迅某公司、花园城店申请再审，广东省高级人民法院指令深圳市中级人民法院再审。深圳市中级人民法院再审认为，现无证据证明指某公司、中某公司已将注册商标投入实际使用并因被控侵权行为造成经济利益上的减损，改判迅某公司及花园城店除停止侵害外，向指某公司、中某公司支付维权开支人民币13999元。

迅某公司、花园城店不服再审判决，向广东省深圳市人民检察院申请监督，该院审查后作出不支持监督申请决定。迅某公司、花园城店不服该不支持监督申请决定，向广东省人民检察院（以下简称广东省检察院）申请复查。

检察机关履职情况。广东省检察院全面调查核实，通过调阅深圳市人民检察院相关案件材料、对关联案件进行大数据检索，并向关联案件受理法院核实情况等方式，补充查明两项事实。一是本案及相关案件的裁判情况。指某公司、中某公司于2014年以涉案注册商标享有专用权为由，以相同诉讼请求在北京、上海、广东、浙江四地针对迅某公司及其下属各门店或其关联公司提起42件商标侵权诉讼。迅某公司对深圳发生的3件案件已向广东省检察院申请复查，本案即为其中之一。至广东省检察院复查期间，已有12件案件被最高人民法院再审改判，认定不构成商标侵权。2015年，指某公司、中某公司在广州、中山、北京三地起诉的15件案件，法院生效判决也均认定不构成商标侵权。指某公司、中某公司在深圳、佛山、东莞三地起诉的8件案件，至广东省检察院复查期间，均由广东省高级人民法院以原民事判决确有错误为由自行启动再审程序。指某公司、中某公司在深圳另外起诉的7件案件中有4件撤诉，另外3件即为广东省检察院办理的复查案件。二是涉案注册商标的权利状态。2018年8月,原国家工商行政管理总局商标局发布第1610期商标公告,第10619×××号注册商标在全部商品上宣告无效。

检察机关审查认为,本案争议焦点在于涉案注册商标在被宣告无效前的权利保护。中某公司、指某公司超出经营范围,不以使用为目的且无合理或正当理由申请注册并囤积大量商标,在网上公开出售包括涉案注册商标在内的商标牟利。指某公司、中某公司在向迅某公司提出高价转让涉案注册商标未果后,在全国范围内以基本相同的事实提起大量诉讼,主观恶意明显,其行为违反诚实信用原则。中某公司、指某公司借用司法资源以商标权谋取不正当利益的行为,不应当获得保护。

2020年4月13日,广东省检察院向广东省高级人民法院提出抗诉。2021年2月1日,广东省高级人民法院作出判决,认为指某公司和中某公司不仅存在此前三年未实际使用涉案注册商标的事实,且在商标的注册和使用过程中违反诚实信用原则,主观恶意明显。深圳市中级人民法院在涉案注册商标无效之前已经作出判令迅某公司、花园城店连带赔偿维权合理开支损失的再审判决,且已经执行完毕。但如将该维权合理开支损失判定由迅某公司和花园城店承担,既损害迅某公司和花园城店合法权益,明显违反公平原则,又有违人民法院维护诚实信用民法原则、反对不正当注册和使用商标行为的司法态度。广东省高级人民法院判决撤销深圳市中级人民法院判决。广东省检察院同时启动抗诉程序的另外两件案件,也同期被广东省高级人民法院改判,该系列案件得到整体改判。

(一)恶意取得商标注册并利用注册商标谋取不正当利益的行为,不受法律保护。《商标法》第四十七条第二款规定,注册商标无效的决定或者裁定不具有追溯力,但第四十七条第二款同时规定,"因商标注册人的恶意给他人造成的损失，应当给予赔偿"。第四十七条第三款规定，"依照前款规定不返还商标侵权赔偿金、商标转让费、商标使用费，明显违反公平原则的，应当全部或者部分返还"。该规定明确了上述"不具有追溯力"原则的例外情形。因此，恶意取得商标注册并利用商标谋取不正当利益的行为不受法律保护，这也是《商标法》第七条诚实信用原则在具体案件中的适用。检察机关在处理商标侵权案件时，应注意审查注册商标权利人是否存在恶意注册并谋取不正当利益的行为。本案对遏制利用恶意注册商标进行恶意诉讼的行为发挥了积极的导向作用。

（二）注重关联案件和类案检索，提升监督质效。本案是通过上级检察机关的民事复查监督程序发现下级检察机关监督不到位的案件。检察机关在监督中，主动通过关联案件和类案检索发现最高人民法院在2018年已对指某公司、中某公司起诉的部分案件进行了再审改判，相关案件被评为最高人民法院知识产权年度典型案例。在最高人民法院上述再审判决形成前，指某公司、中某公司2015年后提起诉讼的多件案件，均被法院生效判决认定不构成商标侵权。因此，检察机关在监督中应当注重对关联案件和类案的检索，尤其应注重对指导性案例和典型案例的检索，准确适用法律，提升监督质效。

第六章　商标使用的管理

第四十八条　商标的使用

本法所称商标的使用，是指将商标用于商品、商品包装或者容器以及商品交易文书上，或者将商标用于广告宣传、展览以及其他商业活动中，用于识别商品来源的行为。

● **典型案例**

在互联网关键词搜索中使用与他人注册商标相同或者近似的文字构成商标的使用（国家知识产权局发布的第一批知识产权行政执法指导案例1号[①]）

2019年3月，甲氏咨询公司向某区市场监管局投诉，反映章元公司侵犯甲氏注册商标专用权。经查，美国甲氏国际有限公司是一家商业信息服务机构，在我国注册了第×××××××号"甲氏"、第×××××××号"甲氏编码"、第×××××××号"××××"等多件商标，核定服务包括第35类和第36类中的商业信息代理、提供市场信息、提供信用评估、提供金融信息等，并授权甲氏咨询公司在中国境内使用"甲氏"注册商标开展相关业务。当事人章元公司为美国甲氏国际有限公司前加盟服务商。当事人明知"甲氏"为他人注册商标，仍与某公司签订百度推广服务合同，自2018年12月13日起，在百度搜索结果中以"【官】甲氏编码____国际认可的____全球通用企业编码系统"的描述，推广其开展的代理甲氏编码申请服务。有8家企业通过百度搜索，误认为当事人与美国甲氏国际有限公司有授权许可关系，委托其办理甲氏编码申请。至案发时，当事人累计收取上述8家企业代理服务费17.991万元。

当事人在从事商业信息咨询等服务的过程中，使用与美国甲氏国际有限公司注册商标相同、近似的字样，误导相关公众，构成《商标法》第五十七条第（二）项规定的商标侵权行为。执法机关依据《商标法》第六十条的规定，依法对当事人作出行政处罚决定，责令其立即停止侵权行为，并处罚款53.973万元。

[①] 《国家知识产权局关于发布第一批知识产权行政执法指导案例的通知》，载国家知识产权局网，https：//www.cnipa.gov.cn/art/2020/12/15/art_75_155622.html，2023年11月3日访问。

本案的指导意义在于，其涉及互联网环境下服务商标保护。在互联网环境下，商标使用形式多样，如何认定商标的使用极为复杂，尤其是对广告关键词搜索中使用他人注册商标是否构成商标的使用存在争议。网络用户在搜索引擎中输入关键词的目的是寻找与其相关的信息。在搜索结果页面出现该关键词时，网络用户可能认为该关键词与特定商品或服务存在联系。在这种使用方式下，关键词广告将用户引导至第三人网页，使得该商品或者服务与商标相联系，构成商标法意义上的商标的使用。

本案当事人通过签订搜索推广服务合同，将他人注册商标作为广告搜索关键词，在相关搜索结果中显示他人注册商标，使相关公众误认为其与商标权人存在授权许可关系，对服务的来源产生混淆和误认。执法机关认定当事人的行为属于《商标法》第四十八条规定的商标的使用行为。

国家知识产权局于 2020 年 12 月 14 日发布的《指导案例 1 号"某区市场监管局查处章元公司侵犯甲氏注册商标专用权案"的理解与适用》对本案作了如下说明①：

一、推选经过和指导意义

该案由某区市场监管局于 2019 年 11 月 15 日办结。办案机关认定当事人的行为属于侵犯注册商标专用权的行为，并进行了行政处罚。行政处罚决定作出后，当事人未提出行政复议或提起行政诉讼。案例由上海市知识产权局向国家知识产权局报送推荐。根据国家知识产权局《关于知识产权行政执法案例指导工作的规定（试行）》，经审核

---

① 《指导案例 1 号"某区市场监管局查处章元公司侵犯甲氏注册商标专用权案"的理解与适用》，载国家知识产权局网，https://www.cnipa.gov.cn/art/2021/4/1/art_66_158172.html，2023 年 11 月 12 日访问。

遴选、专家评审、案例指导工作委员会审议，认为该案例涉及互联网环境下商标使用的界定问题，在指导类似案件的查处方面具有借鉴意义，可作为备选指导案例。2020年12月，经国家知识产权局局务会审议通过，该案例作为第一批指导案例发布。

该指导案例明确了当事人将与他人注册商标相同或者近似的文字作为搜索关键词，并在搜索结果页面网页链接的标题等显著位置显示该关键词，构成商标的使用。该指导案例的发布，有利于进一步厘清互联网环境下商标使用行为的界定。

二、案件要点的理解与说明

（一）商标的使用与商标侵权判断。

商标的使用在商标法律体系中起着非常重要的作用，其在商标权利的取得、维持和救济等方面均具有重要意义。2013年修正的《商标法》第四十八条规定："本法所称商标的使用，是指将商标用于商品、商品包装或者容器以及商品交易文书上，或者将商标用于广告宣传、展览以及其他商业活动中，用于识别商品来源的行为。"该规定明确了商标的使用是用于识别商品或者服务来源的行为，进一步强调了商标在商业活动中的本质。近年来，行政执法实践中逐渐将商标的使用从"混淆可能性"判断中剥离出来，作为一个独立的侵权判断要件。这一方面可减少"混淆可能性"侵权判断标准的松动所带来的风险，更好地平衡社会公众和权利人的利益；另一方面可避开"混淆可能性"判断的复杂性，将一些案件排除在"混淆可能性"判断之外，以节约有限的行政资源，提高效率。基于此，国家知识产权局于2020年6月15日印发的《商标侵权判断标准》第三条第一款规定："判断是否构成商标侵权，一般需要判断涉嫌侵权行为是否构成商标法意义上的商标的使用。"

（二）互联网环境下商标的使用。

该指导案例的焦点问题是在互联网关键词搜索中使用与他人注册商标相同或者近似的文字是否构成商标的使用。在互联网环境下，商标使用的表现形式呈现出多元化特征，如何界定相关标识的使用是否属于商标法意义上的商标的使用也极为复杂。关键词搜索通常指网络用户在搜索引擎中利用关键词进行检索，从而获取与该关键词相关联内容的行为。在关键词搜索中使用与他人注册商标相同或者近似的文字常见的有两种情形：一是在搜索引擎关键词部分使用与他人注册商标相同或近似的文字，即该文字仅用于关键词推广，不显示在搜索结果中，即内部使用行为；二是除关键词部分外，在搜索结果网页链接的标题等显著位置也显示该文字，即外部使用行为。该指导案例属于第二种情形。网络用户在搜索引擎中输入关键词的目的是想要寻找与其相关的信息。通过关键词搜索后所显示的搜索结果，网络用户通常会认为显示结果与关键词相关，尤其是在搜索结果页面的标题等显著位置出现该关键词时，会让这种关联性加强，让网络用户产生联想，认为该关键词与特定商品或服务存在联系，从而认为上述链接涉及与该关键词相同或近似的商标所代表的商品或服务，产生了识别商品或服务来源的功能。因此，前述的外部使用行为相比内部使用行为，更易产生识别商品或服务来源的效果，宜认定为商标的使用行为。

该指导案例中，当事人将与商标权利人美国甲氏国际有限公司的"甲氏"商标相同的文字作为搜索关键字使用，在搜索结果页面网页链接标题以及链接网页内容中均突出显示与商标权利人"甲氏"注册商标近似的文字。对于网络用户来说，商标的使用效果是可视的、可感知的，上述行为将商标中所蕴含的信息传达给相关公众，易使相关公众将商标与其指向的特定服务相关联,从而对应特定服务的提供者,起到了区别服务来源的功能,属于商标的使用。

三、其他需要说明的问题

该指导案例还涉及互联网环境下容易导致混淆的判断问题。《与贸易有关的知识产权协定》(TRIPs协定)第十六条第一项规定,"注册商标的所有人应有专用权来阻止所有第三方未经其同意在交易过程中对与已获商标注册的货物或服务相同或类似的货物或服务使用相同或类似的标记,如果这种使用可能会产生混淆。若对相同货物或服务使用了相同的标记,则应推定为存在混淆的可能"。根据上述规定,混淆的可能是判断商标侵权的必备要件。现行商标法的规定与TRIPs协定保持一致,将第五十七条第(一)项与第(二)项规定的商标侵权行为作区别规定,对非"两同"(同一种商品或服务上使用相同商标)的情形增加了"容易导致混淆"的规定。即对于在同一种商品或者同一种服务上使用与他人注册商标相同商标的情形,未要求"容易导致混淆";对于在同一种商品或者同一种服务上使用与他人注册商标近似的商标,或者在类似商品或者类似服务上使用与他人注册商标相同或者近似商标的情形,明确要求"容易导致混淆"。但商标法没有明确判断"容易导致混淆"的具体标准。根据《商标侵权判断标准》,"容易导致混淆"包括两种情形:一是足以使相关公众认为涉案商品或者服务是由注册商标权利人生产或者提供,二是足以使相关公众认为涉案商品或者服务的提供者与注册商标权利人存在投资、许可、加盟或者合作等关系。"足以"二字表明,"容易导致混淆"不以实际混淆为要件,只要具有混淆的可能性即可。该指导案例中,有8家企业通过互联网搜索,基于当事人的商标使用行为,误认为当事人与商标权利人美国甲氏国际有限公司有授权许可关系,委托当事人办理了甲氏编码申请。至案发时，当事人累计收取上述8家企业代理服务费17.991万元。综上所述，当事人在同一种服务上使用与权利人注册商标近似的商标的行为不仅存在使相关公众将涉案服务与权利人提供的服务混淆的可能性，而且产生了实际混淆的后果，当然可以认定其构成"容易导致混淆"，继而认定当事人的行为属于商标侵权行为。

对于关键词搜索中商标使用行为的认定属于世界前沿问题，国内外相关案例较少。在现行法律法规没有明确规定，执法实践尚存在争议的情况下，该指导案例办案机关准确把握商标使用的要旨，对商标侵权行为作出准确认定，为商标行政执法积累了有益经验。

第四十九条 违法使用注册商标

商标注册人在使用注册商标的过程中，自行改变注册商标、注册人名义、地址或者其他注册事项的，由地方工商行政管理部门责令限期改正；期满不改正的，由商标局撤销其注册商标。

注册商标成为其核定使用的商品的通用名称或者没有正当理由连续三年不使用的，任何单位或者个人可以向商标局申请撤销该注册商标。商标局应当自收到申请之日起九个月内做出决定。有特殊情况需要延长的，经国务院工商行政管理部门批准，可以延长三个月。

● *相关规定*

《商标法实施条例》第65条、第66条、第68条

第五十条　对被撤销、宣告无效或者注销的商标的管理

注册商标被撤销、被宣告无效或者期满不再续展的,自撤销、宣告无效或者注销之日起一年内,商标局对与该商标相同或者近似的商标注册申请,不予核准。

● *条文注释*

因商标注册人不遵守注册商标使用的规定而被撤销的注册商标,或者是注册商标因违反本法相关规定由商标局、商标评审委员会宣告无效,或者是注册有效期满未续展而被注销的商标,其商标专用权已经消灭。但是为了防止发生商品出处的混淆,本条规定,注册商标被撤销、被宣告无效或者期满不再续展的,自撤销、宣告无效或者注销之日起一年内,商标局对与该商标相同或者近似的商标注册申请,不予核准。这样规定并不是仍要保护已被撤销或注销的商标的权利,而是为了维护市场秩序和保护消费者的利益,以免造成误会和损失。

● *相关规定*

《商标法实施条例》第74条

第五十一条　对强制注册商标的管理

违反本法第六条规定的,由地方工商行政管理部门责令限期申请注册,违法经营额五万元以上的,可以处违法经营额百分之二十以下的罚款,没有违法经营额或者违法经营额不足五万元的,可以处一万元以下的罚款。

第五十二条 对未注册商标的管理

将未注册商标冒充注册商标使用的，或者使用未注册商标违反本法第十条规定的，由地方工商行政管理部门予以制止，限期改正，并可以予以通报，违法经营额五万元以上的，可以处违法经营额百分之二十以下的罚款，没有违法经营额或者违法经营额不足五万元的，可以处一万元以下的罚款。

● 条文注释

"未注册商标"，是指未经商标局核准注册而直接在商品上使用的商标。它虽是商标的一种，但是由于它未经注册，所以没有取得商标专用权。

本条规定中的"冒充注册商标"，是指使用未经注册商标而标称注册商标或者擅自在商品上标注"注册商标"或者注册标记的行为。

● 典型案例

王碎永诉深圳歌力思服饰股份有限公司、杭州银泰世纪百货有限公司侵害商标权纠纷案（最高人民法院指导案例82号）

深圳歌力思服装实业有限公司成立于1999年6月8日。2008年12月18日，该公司通过受让方式取得第1348583号"歌力思"商标，该商标核定使用于第25类的服装等商品之上，核准注册于1999年12月。2009年11月19日，该商标经核准续展注册，有效期为2009年12月28日至2019年12月27日。深圳歌力思服装实业有限公司还是第4225104号"ELLASSAY"的商标注册人。该商标核定使用商品为第18类的（动物）皮；钱包；旅行包；文件夹（皮革制）；皮制带子；裘皮；伞；手杖；手提包；购物袋。注册有效期限为2008年4月14日至2018年4月13日。2011年11月4日，深圳歌力思服装实业有限公司更名为深圳歌力思服饰股份有限公司（以下简称歌力思公司，即本案一审被告人）。2012年3月1日，上述"歌力思"商标的注册人相应变更为歌力思公司。

一审原告人王碎永于2011年6月申请注册了第7925873号"歌力思"商标，该商标核定使用商品为第18类的钱包、手提包等。王碎永还曾于2004年7月7日申请注册第4157840号"歌力思及图"商标。后因北京市高级人民法院于2014年4月2日作出的二审判决认定，该商标损害了歌力思公司的关联企业歌力思投资管理有限公司的在先字号权，因此不应予以核准注册。

自2011年9月起，王碎永先后在杭州、南京、上海、福州等地的"ELLASSAY"专柜，通过公证程序购买了带有"品牌中文名：歌力思，品牌英文名：ELLASSAY"字样吊牌的皮包。2012年3月7日，王碎永以歌力思公司及杭州银泰世纪百货有限公司（以下简称杭州银泰公司）生产、销售上述皮包的行为构成对王碎永拥有的"歌力思"商标、"歌力思及图"商标权的侵害为由，提起诉讼。

杭州市中级人民法院于2013年2月1日作出（2012）浙杭知初字第362号民事判决，认为歌力思公司及杭州银泰公司生产、销售被诉侵权商品的行为侵害了王碎永的注册商标专用权，判决歌力思公司、杭州银泰公司承担停止侵权行为、赔偿王碎永经济损失及合理费用共计10万元及消除影响。歌力思公司不服，提起上诉。浙江省高级人民法院于2013年6月7日作出（2013）浙知终字第222号民事判决，驳回上诉，维持原判。歌力思公司及王碎永均不服，向最高人民法院申请再审。最高人民法院裁定提审本案，并于2014年8月14日作出（2014）民提字第24号判决，撤销一审、二审判决，驳回王碎永的全部诉讼请求。

法院生效裁判认为，诚实信用原则是一切市场活动参与者所应遵循的基本准则。一方面，它鼓励和支持人们通过诚实劳动积累社会财富和创造社会价值，并保护在此基础上形成的财产性权益，以及基于合法、正当的目的支配该财产性权益的自由和权利；另一方面，它又要求人们在市场活动中讲究信用、诚实不欺，在不损害他人合法利益、社会公共利益和市场秩序的前提下追求自己的利益。民事诉讼活动同样应当遵循诚实信用原则。一方面，它保障当事人有权在法律规定的范围内行使和处分自己的民事权利和诉讼权利；另一方面，它又要求当事人在不损害他人和社会公共利益的前提下，善意、审慎地行使自己的权利。任何违背法律目的和精神，以损害他人正当权益为目的，恶意取得并行使权利、扰乱市场正当竞争秩序的行为均属于权利滥用，其相关权利主张不应得到法律的保护和支持。

第4157840号"歌力思及图"商标迄今为止尚未被核准注册，王碎永无权据此对他人提起侵害商标权之诉。对于歌力思公司、杭州银泰公司的行为是否侵害王碎永的第7925873号"歌力思"商标权的问题。首先，歌力思公司拥有合法的在先权利基础。歌力思公司及其关联企业最早将"歌力思"作为企业字号使用的时间为1996年，最早在服装等商品上取得"歌力思"注册商标专用权的时间为1999年。经长期使用和广泛宣传，作为企业字号和注册商标的"歌力思"已经具有了较高的市场知名度，歌力思公司对前述商业标识享有合法的在先权利。其次，歌力思公司在本案中的使用行为系基于合法的权利基础，使用方式和行为性质均具有正当性。从销售场所来看，歌力思公司对被诉侵权商品的展示和销售行为均完成于杭州银泰公司的歌力思专柜，专柜通过标注歌力思公司的"ELLASSAY"商标等方式，明确表明了被诉侵权商品的提供者。在歌力思公司的字号、商标等商业标识已经具有较高的市场知名度，而王碎永未能举证证明其"歌力思"商标同样具有知名度的情况下，歌力思公司在其专柜中销售被诉侵权商品的行为，不会使普通消费者误认该商品来自于王碎永。从歌力思公司的具体使用方式来看，被诉侵权商品的外包装、商品内的显著部位均明确标注了"ELLASSAY"商标，而仅在商品吊牌之上使用了"品牌中文名：歌力思"的字样。由于"歌力思"本身就是歌力思公司的企业字号，且与其"ELLASSAY"商标具有互为指代关系，故歌力思公司在被诉侵权商品的吊牌上使用"歌力思"文字来指代商品生产者的做法并无明显不妥，不具有攀附王碎永"歌力思"商标知名度的主观意图，亦不会为普通消费者正确识别被诉侵权商品的来源制造障碍。在此基础上，杭州银泰公司销售被诉侵权商品的行为亦不为法律所禁止。最后，王碎永取得和行使"歌力思"商标权的行为难谓正当。"歌力思"商标由中文文字"歌力思"构成，与歌力思公司在先使用的企业字号及在先注册的"歌力思"商标的文字构成完全相同。"歌力思"本身为无固有含义的臆造词，具有较强的固有显著性，依常理判断，在完全没有接触或知悉的情况下，因巧合而出现雷同注册的可能性较低。作为地域接近、经营范围关联程度较高的商品经营者，王碎永对"歌力思"字号及商标完全不了解的可能性较低。在上述情形之下，王碎永仍在手提包、钱包等商品上申请注册"歌力思"商标，其行为难谓正当。王碎永以非善意取得的商标权对歌力思公司的正当使用行为提起的侵权之诉，构成权利滥用。

第五十三条　违法使用驰名商标的责任

违反本法第十四条第五款规定的，由地方工商行政管理部门责令改正，处十万元罚款。

第五十四条 对撤销或不予撤销注册商标决定的复审

对商标局撤销或者不予撤销注册商标的决定，当事人不服的，可以自收到通知之日起十五日内向商标评审委员会申请复审。商标评审委员会应当自收到申请之日起九个月内做出决定，并书面通知当事人。有特殊情况需要延长的，经国务院工商行政管理部门批准，可以延长三个月。当事人对商标评审委员会的决定不服的，可以自收到通知之日起三十日内向人民法院起诉。

第五十五条 撤销注册商标决定的生效

法定期限届满，当事人对商标局做出的撤销注册商标的决定不申请复审或者对商标评审委员会做出的复审决定不向人民法院起诉的，撤销注册商标的决定、复审决定生效。

被撤销的注册商标，由商标局予以公告，该注册商标专用权自公告之日起终止。

第七章　注册商标专用权的保护

第五十六条 注册商标专用权的保护范围

注册商标的专用权，以核准注册的商标和核定使用的商品为限。

第五十七条 商标侵权行为

有下列行为之一的，均属侵犯注册商标专用权：

（一）未经商标注册人的许可，在同一种商品上使用与其注册商标相同的商标的；

（二）未经商标注册人的许可，在同一种商品上使用与其注册商标近似的商标，或者在类似商品上使用与其注册商标相同或者近似的商标，容易导致混淆的；

（三）销售侵犯注册商标专用权的商品的；

（四）伪造、擅自制造他人注册商标标识或者销售伪造、擅自制造的注册商标标识的；

（五）未经商标注册人同意，更换其注册商标并将该更换商标的商品又投入市场的；

（六）故意为侵犯他人商标专用权行为提供便利条件，帮助他人实施侵犯商标专用权行为的；

（七）给他人的注册商标专用权造成其他损害的。

● **典型案例**

1. 界定"销售不知道是侵犯注册商标专用权的商品"应综合考虑多方面因素（国家知识产权局发布的第一批知识产权行政执法指导案例2号[①]）

2018年1月9日，原北京市工商行政管理局某分局执法人员在检查中发现，甲公司设立的经营点销售的运动鞋涉嫌侵犯乙会社爱世克私"Tiger"等系列商标专用权，销售商为宏源公司（以下简称当事人）。经查，当事人与艾诗克诗公司签订加盟合同，代理销售亚瑟斯

[①] 《国家知识产权局关于发布第一批知识产权行政执法指导案例的通知》，载国家知识产权局网，https://www.cnipa.gov.cn/art/2020/12/15/art_75_155622.html，2023年11月3日访问。

虎牌运动鞋。上述运动鞋鞋舌带有的标识，与乙会社爱世克私的第6936142号商标近似；部分鞋外侧带有的变形"井"字图形标识，与乙会社爱世克私注册的图形商标构成近似。在案件调查中，当事人主张自己不知道涉案品牌鞋是侵权商品，应根据《商标法》第六十条第二款免除责任。执法人员通过企业登记信息比对，发现当事人与艾诗克诗公司存在重大关联，股东之间交叉任职，且艾诗克诗公司曾申请注册与权利人商标近似的商标，被商标主管机关驳回。经查，当事人将亚瑟斯虎牌运动鞋提供给15个经营主体对外销售，共收取货款6144646.64元。上述15个经营主体及当事人库存16277双鞋。按照当事人已售出鞋的实际平均销售价格每双307.80元计算，上述库存鞋共价值5010060.60元，违法经营额达11154707.24元。

执法机关依法认定当事人的行为属于《商标法》第五十七条第（三）项规定的侵权行为，并依据《商标法》第六十条第二款的规定，责令其立即停止侵权行为，没收侵权鞋6687双，并处罚款55773536.20元。

本案的指导意义在于，涉及销售商商标侵权免责条款的适用。根据《商标法》的规定，免除销售商侵权责任需同时满足以下三个要件：一是销售商不知道所销售的商品侵犯商标专用权，二是销售商能够证明商品是自己合法取得，三是销售商能说明商品提供者。本案中，涉案供货商曾向商标主管机关申请过与权利人商标近似的商标并被驳回，其仍在相同商品上使用与权利人商标近似的标识，存在主观侵权的故意，属于明知和应知的情形。当事人与供货商股东之间存在交叉任职的重大关联关系，应当知道上述使用行为涉嫌商标侵权，属于主观上存在明知和应知的情形，不符合销售不知道是侵犯注册商标专用权商品的法定免责要件。

国家知识产权局于2020年12月14日发布的《指导案例2号

"原北京市工商局某分局查处宏源公司侵犯 Tiger 等注册商标专用权案"的理解与适用》对本案作了如下说明①:

一、推选经过和指导意义

该案由原北京市工商行政管理局某分局于 2018 年 11 月 12 日办结。办案机关依法认定当事人的行为属于销售侵犯注册商标专用权的商品的行为,并进行了行政处罚。行政处罚决定作出后,当事人未提出行政复议或提起行政诉讼。案例由北京市知识产权局向国家知识产权局报送推荐。根据《国家知识产权局关于知识产权行政执法案例指导工作的规定(试行)》,经审核遴选、专家评审、案例指导工作委员会审议,认为该案例涉及"销售不知道是侵犯注册商标专用权的商品"的行为认定问题,在指导类似案件的查处方面具有借鉴意义,可作为备选指导案例。2020 年 12 月,经国家知识产权局局务会审议通过,该案例作为第一批指导案例发布。

该指导案例办案机关积极主动作为,正确理解"销售不知道是侵犯注册商标专用权的商品"内涵,准确适用销售商免责条款,依法严厉打击了以"销售不知道是侵犯注册商标专用权的商品"为名,行"侵犯注册商标专用权"之实的违法行为,让侵权者付出沉重代价,极大地震慑了不法分子。该指导案例对于查办销售领域商标侵权案件具有指导意义。

二、案件要点的理解与说明

(一)销售商免责制度。

该指导案例的焦点问题是"销售不知道是侵犯注册商标专用权的

---

① 《指导案例 2 号"原北京市工商局某分局查处宏源公司侵犯 Tiger 等注册商标专用权案"的理解与适用》,载国家知识产权局网,https://www.cnipa.gov.cn/art/2021/4/2/art_66_158183.html,2023 年 11 月 12 日访问。

商品"的行为认定。《商标法》第五十七条第（三）项明确"销售侵犯注册商标专用权的商品的"属于侵犯注册商标专用权的行为。执法实践中，部分销售商并不知晓其销售的商品侵犯注册商标专用权，如果将此类行为一概而论全部追究侵权责任显失公平。因此，为了在保护商标权人合法权益的同时，降低交易成本、保障商业流通；在维护市场秩序稳定、安全的同时寻求商标权人与销售商的利益平衡，2013年《商标法》第三次修正时设立了销售商免责条款，第六十条第二款规定："……销售不知道是侵犯注册商标专用权的商品，能证明该商品是自己合法取得并说明提供者的，由工商行政管理部门责令停止销售。"该免责制度的设立旨在通过销售商追查生产商，并追究生产者的侵权责任，继而从生产源头上制止和打击侵权行为。根据该规定，销售商免除侵权行政责任需同时满足以下三个要件：一是不知道所销售的商品是侵犯注册商标专用权的商品；二是销售商能够证明商品是自己合法取得的；三是销售商能说明商品提供者。

（二）"不知道"的理解与界定。

TRIPs协定第四十七条规定："各成员可规定，司法机关有权责令侵权人将生产和分销侵权货物或服务过程中涉及的第三方的身份及其分销渠道告知权利持有人，除非此点与侵权的严重程度不相称。"即TRIPs协定要求侵权产品的销售者有义务把生产或者销售侵权产品的侵权人身份信息等告知司法机关。但该条并未对侵权产品销售商主观过错标准以及赔偿责任作出明确规定。

1982年和1993年的商标法并未对"不知道"作出规定。21世纪初，中国加入世界贸易组织，为使我国法律和TRIPs协定接轨，知识产权法律法规进行了全面修订。2001年第二次修正的商标法中首次出现了"不知道"的相关规定，并保留至今。现行商标法将"不知道"

作为销售商免责的必要条件，而非不侵权条件，即销售行为本身已构成侵权，只是在满足一定要件的情形下免除销售商的侵权行政责任和民事责任。

此外，与商标法同属于知识产权法律体系的专利法及其司法解释的相关规定对理解商标法中规定的"不知道"具有一定的参照意义。2000年第二次修正的《专利法》第六十三条对"不知道"作出规定"为生产经营目的使用或者销售不知道是未经专利权人许可而制造并售出的专利产品或者依照专利方法直接获得的产品，能证明其产品合法来源的，不承担赔偿责任"。2008年修订的《专利法》第七十条进一步将免责主体扩张为使用者、销售者、许诺销售者。2016年最高人民法院出台的《关于审理侵犯专利权纠纷案件应用法律若干问题的解释（二）》对专利法规定的"不知道"的含义作出具体解释。其第二十五条规定："为生产经营目的使用、许诺销售或者销售不知道是未经专利权人许可而制造并售出的专利侵权产品，且举证证明该产品合法来源的，对于权利人请求停止上述使用、许诺销售、销售行为的主张，人民法院应予支持，但被诉侵权产品的使用者举证证明其已支付该产品的合理对价的除外。本条第一款所称不知道，是指实际不知道且不应当知道。"

2020年5月28日通过的《民法典》，将"知道"与"应当知道"并列使用，即明确"应当知道"属于"知道"，而非"不知道"。例如，第一百四十九条规定"第三人实施欺诈行为，使一方在违背真实意思的情况下实施的民事法律行为，对方知道或者应当知道该欺诈行为的，受欺诈方有权请求人民法院或者仲裁机构予以撤销"；第一百六十七条规定"代理人知道或者应当知道代理事项违法仍然实施代理行为，或者被代理人知道或者应当知道代理人的代理行为违法未作反对表示的,被代理人和代理人应当承担连带责任"。在民法语境下,"知道"包括"知道"和"应当知道",即明知和应知。基于此,国家知识产权局于2020年6月15日印发的《商标侵权判断标准》中明确"可以认定当事人明知或者应知的情形"不属于"不知道"。

综上所述,商标法中"不知道"的含义可以理解为实际不知道且不应当知道,明知或者应知不属于"不知道"。

(三)"不知道"的考量因素。

销售商是否确实不知道其销售商品是侵犯注册商标专用权商品,实际上是销售商内心的主观心理活动,具有抽象性。如何认定销售商"实际不知道且不应当知道",可以依据案件具体情况、客观事实以及相关证据,综合考量以下因素作出认定。

一是商品的进货价格和进货渠道。销售商对于价格明显低于同类商品市场价格的商品应承担更高的审查义务。商品价格受商品质量、知名度、营销策略等多种因素影响可能存在较大差异,但购入商品的价格与正品的市场价格存在重大差异,如远远低于同类商品的通常价格时,一般可认定销售者未尽到合理的审查义务。同时,销售商的进货渠道须具备合法性,即销售商在确定供货渠道时,应审核供货方主体资格,对于来源不明的供货不属于"销售不知道"的情形。

二是商品的特殊性质。食品、药品、保健食品、烟花爆竹、化工、酒类等商品,因涉及人民群众生命安全,相应的法律法规会在生产、运输、销售等方面作出特殊规定。如销售商违反相关规定未尽到其应尽的合理审查义务,不满足"销售不知道"的要件。

三是涉案商标的知名度。商标知名度越高的商品,在市场上的影响力越大,特别是驰名商标,销售商知晓该商品和商标的可能性也越大,其审查义务越高。

四是销售商的具体情况。对于规模大、经济实力雄厚、经营时间长、具备法人资格的销售商，其更有优势、能力和资源来判断所购销的商品是否可能侵犯他人注册商标专用权，其具有更高的审查义务。例如，总经销商及上级经销商相较于终端零售商具有更高的审查义务。

五是其他考量因素。包括销售商曾就类似纠纷与权利人有过民事诉讼并被法院认定构成商标侵权的，或曾因为销售同样的产品受到相关行政执法部门的查处，事后销售商继续销售侵权产品的，销售商曾为相关品牌代理商，销售商或相关利害关系人曾经注册过相同、近似商标被依法驳回的，总经销商或上级经销商的销售行为被司法或行政机关认定为侵权等。

本案中，商标权利人的"Tiger"等商标经过多年使用和积累具有较高知名度，而侵权当事人长期从事鞋类商品销售，规模较大，其应当知道在服装鞋帽领域具有较高知名度的商标权利人商品及商标情况。同时，通过国家企业信用信息公示系统核查，侵权当事人与供货商存在股东交叉任职关系，侵权当事人法定代表人是供货商股东之一，出资比例为49%，而供货商法定代表人同时也担任侵权当事人的财务、人事经理，直接参与侵权当事人的经营活动。经核查，供货商曾于2016年12月16日申请注册的第222962××号图形商标和第222962××号图形商标因与商标权人乙会社爱世克私的第1688××号、第58758××号和第58758××号图形商标构成近似商标，已被商标主管机关于2017年9月1日依法驳回。综上所述，供货商实际知道相关商品涉嫌侵犯商标权人权益，侵权当事人与供货商系关联公司存在重大利益关系，其在实际知道或应当知道涉案商品涉嫌侵权的情况下，仍与供货商签订销售代理协议，大规模销售涉案商品，企图利用销售商免责规定行侵权之实，违法故意明显，违法事实确凿，违法情节严重。

基于上述事实，办案机关认定侵权当事人实际知道或应当知道其销售行为涉嫌侵犯注册商标专用权，不符合销售不知道是侵犯注册商标专用权商品的要件，不适用销售商免责条款，其行为属于《商标法》第五十七条第（三）项规定的"销售侵犯注册商标专用权的商品"。办案机关依据《商标法》第六十条第二款规定，责令当事人立即停止侵权行为，没收侵权鞋类商品6687双，并按照违法经营额的5倍予以顶格处罚，罚款5577.35万元。

三、其他需要说明的问题

该指导案例还涉及"合法取得""说明提供者"的判断问题。在"合法取得"要件方面，《商标法实施条例》第七十九条对销售商能够证明商品是自己合法取得的情形进行了细化规定。实践中，销售商通常会提供增值税专用发票、进货发票、购货合同、销售清单、收货清单、付款凭证、供货单位证明等证据。销售商提供的证据能够证明其曾从供货者处购入商品，原则上应由其提供证据证明，且发票等证据上记载的商品、商标、型号、价格、时间等要素需要与涉案商品、商标、型号、价格、时间等要素一致，即涉案商品与来源于供货者商品应具有对应性和一致性，方可视为合法取得。在"说明提供者"要件方面，《商标侵权判断标准》第二十八条规定：商标法第六十条第二款规定的"说明提供者"是指涉嫌侵权人主动提供供货商的名称、经营地址、联系方式等准确信息或者线索。对于因涉嫌侵权人提供虚假或者无法核实的信息导致不能找到提供者的，不视为"说明提供者"。根据该规定，"说明提供者"要求提供准确的信息或者线索，且能被查实。本案中，销售商确实满足销售免责条款中的"合法取得""说明提供者"两个要件，但其不满足"不知道"的要件，故不能免除侵权行政责任。

2. 包工包料承揽工程建设中承包人购买、使用侵犯注册商标专用权商品的行为构成销售侵犯商标专用权商品的行为（国家知识产权局发布的第一批知识产权行政执法指导案例3号①）

2019年6月，湖北省武汉市某开发区市场监管局执法人员对甲天地项目工地进行现场检查，发现60卷涉嫌假冒科顺公司第16397214号"CKS科顺"商标的高聚物改性沥青耐根穿刺防水卷材，遂依法对上述涉案物品予以查封。2019年6月12日，执法人员再次检查现场时，发现涉案商品已被转移、调换；6月20日，当事人迫于调查压力主动交出转移、调换的涉案商品。经查，2018年5月29日，当事人以包工包料方式承包甲天地项目防水工程分段施工。2019年6月，当事人从一名未核实真实身份信息的业务员处购进60卷"CKS科顺"牌高聚物改性沥青防水卷材，未查验出厂检验报告及合格证，也未取得任何票据。当事人曾为科顺品牌代理商，向办案机关提交了销售单和涉案卷材的出厂检验报告，以证明其前期在工程中使用的该品牌卷材均属合法渠道购进的正规商品。办案机关将案情通报区建设主管部门。该部门出具的防水卷材核查情况证实工程前期使用的均为合格产品。另查明，当事人购进的60卷侵权防水卷材尚未支付费用，也未投入使用，违法经营额2.28万元。

当事人购进侵权建筑材料并准备在所承包的工程中使用的行为视同销售行为，构成《商标法》第五十七条第（三）项规定的侵权行为。其违法主观故意明显，转移、调换涉案商品违法性质恶劣，应予从重处罚。执法机关依据《商标法》第六十条的规定，依法对当事人作出行政处罚决定，责令其立即停止侵权行为，没收、销毁侵权商

---

① 《国家知识产权局关于发布第一批知识产权行政执法指导案例的通知》，载国家知识产权局网，https://www.cnipa.gov.cn/art/2020/12/15/art_75_155622.html，2023年11月3日访问。

品，并处罚款 20 万元。

本案的指导意义在于，其涉及包工包料承揽工程中购买使用侵权商品行为的界定，对《商标法》第五十七条第（三）项的适用具有借鉴意义。首先，在包工包料的承揽经营活动中，特别是在建筑工程及装饰装修施工等领域，承揽人既采购材料，又负责材料的安装使用，其使用侵权产品具有经营性目的，不属于一般消费者；其次，承揽人将其购买的侵权商品用于施工并成为最终成果的一部分交付给委托人，其取得的价款中包含有侵权商品的对价，侵权商品所有权随工程成果的交付一并有偿转让，委托人与承揽人本质上是买卖法律关系，其行为符合销售行为特征，因此承揽者使用侵权商品属于《商标法》第五十七条第（三）项规定的商标侵权行为。

国家知识产权局于 2020 年 12 月 14 日发布的《指导案例 3 号"武汉市某开发区市场监管局查处科顺公司侵犯 CKS 科顺注册商标专用权案"的理解与适用》对本案作了如下说明[①]：

一、推选经过和指导意义

该案由武汉市某开发区市场监管局于 2019 年 10 月 23 日办结。办案机关认定当事人的行为属于"销售侵犯注册商标专用权的商品的"行为，并进行了行政处罚。行政处罚作出后，当事人未提出行政复议或提起行政诉讼。案例由湖北省知识产权局向国家知识产权局报送推荐。根据《国家知识产权局关于知识产权行政执法案例指导工作的规定（试行）》，经审核遴选、专家评审、案例指导工作委员会审议，认为该案例涉及包工包料承揽工程建设中承包方购买、使用侵犯注册

---

① 《指导案例 3 号"武汉市某开发区市场监管局查处科顺公司侵犯 CKS 科顺注册商标专用权案"的理解与适用》，载国家知识产权局网，https：//www.cnipa.gov.cn/art/2021/4/6/art_66_158202.html，2023 年 11 月 12 日访问。

商标专用权商品的行为的法律适用问题,在指导类似案件的查处方面具有借鉴意义,可作为备选指导案例。2020年12月,经国家知识产权局局务会审议通过,该案例作为第一批指导案例发布。

在包工包料承揽工程建设施工过程中,承包人为了降低施工成本、赚取更大收益,购买、使用侵犯注册商标专用权的商品用于施工建设的情形时有发生,这种行为不仅降低了工程质量,存在安全隐患,还严重侵犯商标权人的注册商标专用权,损害商标权人合法权益,扰乱正常的市场竞争秩序,具有较大的社会危害性。且此类行为隐蔽性较强、法律关系复杂,侵权认定难度较大,一直是商标行政执法实践中的一大难点。该指导案例明确了包工包料承揽工程中购买、使用侵权商品行为属于《商标法》第五十七条第(三)项规定的"销售侵犯注册商标专用权的商品的"行为,明确了此类案件的法律适用,具有较强的指导意义。

二、案件要点的理解与说明

该指导案例的焦点问题是包工包料承揽工程建设中承包人购买、使用侵犯注册商标专用权商品的行为是否构成销售侵犯商标专用权商品的行为。该焦点问题涉及《商标法》第五十七条第(三)项规定的"销售侵犯注册商标专用权的商品的"行为的范围和外延界定。我国现行商标法及相关法律法规、司法解释均未对本条款中所述"销售"的定义和边界作出明确规定。因此,明晰销售侵犯商标专用权的商品的行为边界是依法查处此类案件的关键。

从立法本意出发,通过梳理商标法立法及修订历史进程,有利于准确理解和把握相关规定的立法本意。1982年颁布的商标法,未对销售侵犯注册商标权商品的行为作出规定。1993年第一次修正的商标法,将侵犯注册商标专用权的行为区分了生产和销售,第三十八条第

（一）项规定，未经注册商标所有人的许可，在同一种商品或者类似商品上使用与其注册商标相同或者近似的商标的，属侵犯注册商标专用权行为，即生产领域侵权；第三十八条第（二）项规定，销售明知是假冒注册商标的商品的，属侵犯注册商标专用权行为，即销售领域侵权。2001年第二次修正的商标法，将销售领域侵权条款修改为"销售侵犯注册商标专用权的商品的"，范围扩大到在同一种商品上使用近似商标的商品和在类似商品上使用相同或者近似商标的商品的销售行为。同时，删除了"明知"这一构成要件，即销售"不知道"是侵权的商品仍构成商标侵权行为。

在包工包料的加工承揽经营活动中，承揽人使用侵犯注册商标专用权商品的行为，实践中存在几个认识误区，一是将现行《商标法》第五十七条第（三）项规定的"销售"狭义地理解为销售商品，认为只有在商品买卖中，才会发生销售侵权行为，而服务不会涉及，所以服务行为不属于销售侵权行为；二是认为承揽人购买侵权商品用于加工承揽经营活动中，其购买的商品并没有直接转卖给委托人，其购买行为是一种消费行为，而消费者知假买假不属于侵权行为；三是认为承揽人不知道是侵权商品而购买的行为不属于侵权行为。

上述认识不符合法律规定的本意。一是"销售"应理解为"非生产领域的经营行为"。《商标法》第五十七条第（三）项规定的"销售"，与《商标法》第五十七条第（一）项、第（二）项规定的"使用"相对应，即与生产领域相区分，涵盖非生产领域的经营行为，当然包括加工承揽经营等服务行为。二是承揽人购买侵权商品不是消费行为。在包工包料的承揽经营活动中，特别是在建筑工程及装饰装修施工等领域，承揽人既采购材料，又负责材料的安装使用，其使用侵权产品具有经营性目的，不属于一般消费者。承揽人将其购买的侵权商品用于施工并成为最终成果的一部分交付给委托人，其取得的价款中包含侵权商品的对价，侵权商品所有权随工程成果的交付一并有偿转让，委托人与承揽人本质上是买卖法律关系，而不是消费法律关系，其行为符合销售行为特征。三是承揽人购买侵权商品是否知情，不影响其行为的定性。如前所述，2001年第二次修正的商标法，对于销售侵权行为，已经删除了"明知"的要件。虽然2013年第三次修正的商标法增加了"销售不知道是侵犯注册商标专用权的商品，能证明该商品是自己合法取得并说明提供者的，由工商行政管理部门责令停止销售"的规定，但该规定仅免除善意销售人除责令停止销售以外的侵权行政责任，并不改变其侵权行为的属性。故只要销售侵犯注册商标专用权的商品，即属侵犯注册商标专用权行为。2021年1月22日修订的《行政处罚法》中，增加了"当事人有证据足以证明没有主观过错的，不予行政处罚。法律、行政法规另有规定的，从其规定"的规定，明确"主观过错"不是行政违法行为的构成要件，而是承担行政处罚的要件。

包工包料承揽工程施工过程中，承包人购买、使用侵犯注册商标专用权的商品行为的法律关系较为复杂，在法律法规尚未对商标法意义上的销售侵犯注册商标专用权的商品的行为作出明确界定之前，判断上述行为是否构成商标侵权，应结合销售行为的民事法律特征及商标侵权原理综合分析，既不能不合理地扩大销售侵权行为的范畴，也不能放任该领域侵犯注册商标专用权行为的发生。判定相关行为是否构成销售侵权行为，可以考虑以下因素：一是行为人与工程发包人的委托方式为包工包料。二是侵犯注册商标专用权商品在承包方和发包人之间的流通过程中，其商标的识别功能没有被阻碍。三是承包方的行为足以造成发包人及相关公众对该侵犯注册商标专用权的商品的来源产生混淆。

本案中，首先，当事人以包工包料形式承包了甲天地项目防水工程分段施工工程，其应将工程所用原材料与劳务结合作为劳动成果，一并交付给发包方并获得工程款。当事人取得的工程款中包含侵权商品的对价，当事人在承包工程中购买、使用相关建筑材料的行为，具有经营性和营利性，属于销售行为。其次，涉案侵权商品在当事人和发包人之间流通过程中，"CKS科顺"商标清晰可辨，其商标的识别功能没有被阻碍。最后，当事人的行为足以造成发包人及相关公众对商品的来源产生混淆。综上所述，当事人的行为构成《商标法》第五十七条第（三）项所述的"销售侵犯注册商标专用权的商品的"，属于侵犯注册商标专用权的行为。

三、其他需要说明的问题

本案中，销售商以"不知道"为由主张不承担行政责任。根据《商标法》第六十条第二款规定，销售商必须同时满足"不知道""合法取得""说明提供者"三个要件，才能免除相关责任。该指导案例中，当事人曾为CKS科顺品牌销售代理商，理应对该商标具有较高辨识能力，并充分了解CKS科顺品牌防水卷材的购货渠道、成本价格、销售价格等。在前期工程中，当事人通过正规渠道购进CKS科顺品牌商品并使用于工程，但后期工程中为了获取更多利润，从非正规渠道购进CKS科顺品牌防水卷材，未履行合理审查义务，如查验出厂检验报告及合格证等，也未取得任何票据，当事人行为明显具有侵权的主观恶意，不属于"销售不知道是侵犯注册商标专用权的商品"的情形。同时，当事人虽提供了供货商的联系方式，但该供货商不承认相关供货事实，当事人又无法提供其他证据加以印证，不满足"说明提供者"的要件。综上，当事人的行为不能适用销售商免责条款，应当承担侵犯注册商标专用权的行政责任。

此外，办案机关根据《商标法》第六十条第二款、《商标法实施条例》第七十八条以及《国家市场监管总局关于规范市场监督管理行政处罚裁量权的指导意见》（国市监法〔2019〕244号）相关规定，认定当事人违法金额为2.28万元，但当事人在被调查过程中，私自转移、调换被办案机关依法采取行政强制措施的涉案物品，企图毁灭证据，情节严重，社会影响恶劣，办案机关从重处罚，处以20万元罚款。处罚决定定性准确，过罚相当，对当事人和此类违法行为产生较强震慑。

3. 商标使用行为是否构成商标法意义上"商标的使用"应当依据商标法作出整体一致的解释（2019年中国法院十大知识产权案件[①]之二）

甲会社获准注册"HONDA""H及图""HONDA及图"三枚涉案商标，分别核定使用在第12类车辆、摩托车等商品上。后海关查获恒胜鑫泰公司委托瑞丽凌云公司申报出口的标有"HONDAKIT"标识的摩托车整车散件220套，申报总价118360美元，目的地缅甸，该批货物系由缅甸美华公司授权委托恒胜集团公司（与恒胜鑫泰公司系母子公司关系，法定代表人均为万某）加工生产。甲会社遂以恒胜鑫泰公司、恒胜集团公司侵害其商标权为由，向云南省德宏傣族景颇族自治州中级人民法院提起诉讼。

经审理，一审法院认为，首先，关于恒胜鑫泰公司、恒胜集团公司的行为是否构成侵犯甲会社注册商标专用权，若构成，应否立即停止其侵权行为的问题。甲会社于1998年分别取得核定使用在第12类

---

① 《2019年中国法院10大知识产权案件和50件典型知识产权案例》，载最高人民法院网，https://www.court.gov.cn/zixun/xiangqing/226511.html，2023年11月5日访问。

商品上的涉案三商标,其权利依法应受保护。恒胜鑫泰公司、恒胜集团公司在其生产和销售的涉案摩托车头罩、发动机盖、左右两边的风挡、铭牌上使用"HONDAKIT"文字及图形,并且突出增大"HONDA"的文字部分,缩小"KIT"的文字部分。恒胜鑫泰公司、恒胜集团公司辩称其行为系受美华公司授权的定牌加工行为,但其提交的通过认证的证据不能形成完整的证据链,无法确认其行为系受美华公司授权的定牌加工行为。并且从其提交的经认证的证据来看,美华公司的授权商标图样中的"HONDAKIT"文字及图形商标并未突出"HONDA"的文字部分,缩小"KIT"的文字部分,而是同一大小字体的文字及图形,恒胜鑫泰公司、恒胜集团公司所贴附的图样也与美华公司的授权不符。因此,依据《商标法》第五十七条"有下列行为之一的,均属侵犯注册商标专用权……(二)未经商标注册人的许可,在同一种商品上使用与其注册商标近似的商标,或者在类似商品上使用与其注册商标相同或者近似的商标,容易导致混淆的;(三)销售侵犯注册商标专用权的商品的"之规定,恒胜鑫泰公司、恒胜集团公司的行为已经构成侵犯甲会社注册商标专用权,依法应当立即停止其侵权行为。其次,关于恒胜鑫泰公司、恒胜集团公司应否连带赔偿甲会社经济损失300万元的问题。恒胜鑫泰公司、恒胜集团公司的行为构成商标侵权,依法应当承担停止侵权、赔偿损失的民事责任,依据《商标法》第六十三条的规定,本案中,双方未能提交证据证明甲会社的损失和恒胜鑫泰公司、恒胜集团公司获得的利益,以及甲会社注册商标许可使用费的依据,故一审综合考虑甲会社注册商标的知名度、恒胜鑫泰公司、恒胜集团公司的主观过错,侵权情节,获利的可能性及甲会社为制止侵权行为所支出的合理开支等因素,酌定由恒胜鑫泰公司、恒胜集团公司连带赔偿甲会社经济损失人民币30万元。

恒胜鑫泰公司、恒胜集团公司不服一审判决，向二审法院提起上诉。二审法院将本案的争议焦点归纳为：1. 恒胜鑫泰公司、恒胜集团公司所实施的行为是涉外定牌加工行为还是商品销售行为；2. 恒胜鑫泰公司、恒胜集团公司使用涉案图标的行为是否属于商标法意义上的商标使用行为；3. 恒胜鑫泰公司、恒胜集团公司的被诉行为是否构成商标侵权、侵哪个商标权；4. 如果侵权成立，恒胜鑫泰公司、恒胜集团公司的赔偿数额应当如何确定。

二审法院认为，关于第一个争议焦点，恒胜鑫泰公司、恒胜集团公司所实施的行为不是商品销售行为，而是涉外定牌加工行为。第一，根据恒胜鑫泰公司与恒胜集团公司之间签订的合同条款，恒胜鑫泰公司与美华公司于2016年4月3日签订的合同，名为《销售合同》，实为涉外定牌加工合同。第二，恒胜集团公司与恒胜鑫泰公司之间在涉案产品问题上并非销售关系，恒胜鑫泰公司系恒胜集团公司控股的子公司，负责为该批产品办理出口事宜，实际进行生产的是恒胜集团公司，作为法定代表人为同一人、住所地相同的关联公司，这样的安排属于恒胜集团内部的业务安排，美华公司明确知晓该情形，这从其给出的商标使用授权书便可知悉。第三，涉案承揽加工的产品全部交付定作方，不进入中国市场，中国境内的相关公众不可能接触到该批产品。第四，缅甸公民孟某在缅甸享有涉案"HONDAKIT"注册商标权。第五，恒胜集团公司获得了缅甸公民孟某的商标使用授权。一审判决对《销售合同》《商标注册声明合同》《授权委托书》等四份在卷证据经审查后认为，恒胜鑫泰公司、恒胜集团公司提交的这些证据不能形成完整的证据链，无法确认恒胜鑫泰公司、恒胜集团公司的行为得到美华公司的授权。这是对证据的分析认证出现了失误，在此基础上认定恒胜鑫泰公司、恒胜集团公司的行为不是涉外定牌加工行为，而是商品销售行为，构成商标侵权，属于认定事实不清、适用法律错误，二审法院予以纠正。

关于第二个争议焦点，恒胜鑫泰公司、恒胜集团公司使用涉案图标的行为不属于商标法意义上的商标使用行为。《商标法》第四十八条规定："本法所称商标的使用，是指将商标用于商品、商品包装或者容器以及商品交易文书上，或者将商标用于广告宣传、展览以及其他商业活动中，用于识别商品来源的行为。"根据此定义，商标法在保护商标使用问题上的本意，是保护商标在商业活动中的识别性。以此含义推知，如果某种标识的使用不是在商业活动中用于识别商品的来源，自然不能满足《商标法》第五十七条第（二）项关于"使用"的前提性要求。考察本案情形，恒胜鑫泰公司、恒胜集团公司办理出口的220套摩托车散件系全部出口至缅甸，不进入中国市场参与"商业活动"，中国境内的相关公众不可能接触到该产品，因而恒胜鑫泰公司、恒胜集团公司的这种使用行为不可能在中国境内起到识别商品来源的作用，因此这并非商标法意义上的商标使用行为。

关于第三个争议焦点，涉外定牌加工通常是指国内生产商经国外合法商标权利人等合法授权进行生产，并将所生产的产品全部出口至该商标权人享有商标权的国家和地区的国际贸易模式。此种模式下的生产行为是否侵害中国国内相关商标权人的商标权，应根据个案的具体情况具体分析。在本案中，恒胜鑫泰公司、恒胜集团公司的行为并不构成对甲会社涉案三商标的侵害。首先，从商标法的相关规定分析，《商标法》第五十七条第（一）项为"未经商标注册人的许可，在同一种商品上使用与其注册商标相同的商标的"；第（二）项为"未经商标注册人的许可，在同一种商品上使用与其注册商标近似的商标，或者在类似商品上使用与其注册商标相同或者近似的商标，容易导致混淆的"。从中可以看出，商标指示商品或服务的来源，使相关公众能够区分不同的经营者提供的商品或服务，使之不"容易导致混淆"，这是商标最核心的功能，也是商标的最基本价值。商标法保护商标的根本目的，就在于确保商标识别功能的实现；判断商标侵权与否的关键，就在于审查商标使用行为是否容易导致相关公众对商品或服务的来源产生混淆。只有容易引起相关公众对商品或服务来源产生混淆的使用行为，才可能发生近似商标使用行为侵害他人商标权的情况，抛开这些条件和情形谈论商标侵权没有基础。其次，220套摩托车散件均全部出口至缅甸，不进入中国市场销售，中国境内的相关公众不可能接触到该产品，因此不存在让中国境内的相关公众产生混淆的问题，没有损害甲会社的实际利益，即不具备构成商标侵权的基础要件。最后，商标权具有地域性（法域性）特征，在此语境下，我国商标法只能保护在我国依法注册的商标权，保护范围不能延伸到我国领域之外。本案涉及的220套贴牌加工的产品，其流通市场不在中国而在缅甸，恒胜鑫泰公司、恒胜集团公司将"HONDAKIT"中的"HONDA"部分的文字突出使用，是否容易导致缅甸国内的相关公众对商品来源产生混淆，这个问题不在我国商标法可以评判的范围之内。

关于第四个争议焦点，由于恒胜鑫泰公司、恒胜集团公司的行为不构成侵权，就不存在赔偿损失问题。

二审法院认为，综上所述，恒胜鑫泰公司、恒胜集团公司的上诉理由成立，一审判决认定事实不清、适用法律错误，应依法予以纠正。故判决：（一）撤销一审判决；（二）驳回甲会社的诉讼请求。

甲会社不服，向最高人民法院申请再审。再审法院将本案的争议焦点归纳为：1. 恒胜鑫泰公司、恒胜集团公司的被诉侵权行为是否属于涉外定牌加工行为；2.恒胜鑫泰公司、恒胜集团公司的被诉侵权行为是否构成商标使用行为；3.恒胜鑫泰公司、恒胜集团公司的被诉侵权行为是否构成商标侵权。

再审人民法院认为，关于第一个争议焦点，二审法院认定恒胜鑫泰公司、恒胜集团公司的被诉侵权行为属于涉外定牌加工，并进行了深入分析，认定事实清楚，本院予以确认。

关于第二个争议焦点，《商标法》第四十八条规定的"用于识别商品来源"指的是商标使用人的目的在于识别商品来源，包括可能起到识别商品来源的作用和实际起到识别商品来源的作用。商标使用行为是一种客观行为，通常包括许多环节，如物理贴附、市场流通等，是否构成商标法意义上的"商标的使用"应当依据商标法作出整体一致解释，不应该割裂一个行为而只看某个环节，要防止以单一环节遮蔽行为过程，要克服以单一侧面代替行为整体。商标使用意味着使某一个商标用于某一个商品，其可能符合商品提供者与商标权利人的共同意愿，也可能不符合商品提供者与商标权利人的共同意愿；某一个商标用于某一个商品以至于二者合为一体成为消费者识别商品及其来源的观察对象，既可能让消费者正确识别商品的来源，也可能让消费者错误识别商品的来源，甚至会出现一些消费者正确识别商品的来源，而另一些消费者错误识别商品的来源这样错综复杂的情形。这些现象纷繁复杂，无不统摄于商标使用，这些利益反复博弈，无不统辖于商标法律。因此，在生产制造或加工的产品上以标注方式或其他方式使用了商标，只要具备了区别商品来源的可能性，就应当认定该使用状态属于商标法意义上的"商标的使用"。《最高人民法院关于审理商标民事纠纷案件适用法律若干问题的解释》第八条规定："商标法所称相关公众，是指与商标所标识的某类商品或者服务有关的消费者和与前述商品或者服务的营销有密切关系的其他经营者。"本案中相关公众除被诉侵权商品的消费者外，还应该包括与被诉侵权商品的营销密切相关的经营者。本案中被诉侵权商品运输等环节的经营者即存在接触的可能性。而且，随着电子商务和互联网的发展，即使被诉侵权商品出口至国外，亦存在回流国内市场的可能。同时，随着中国经济的不断发展，中国消费者出国旅游和消费的人数众多，对于"贴牌商品"也存在接触和混淆的可能性。二审法院认定，恒胜鑫泰公司、恒胜集团公司办理出口的220套摩托车散件系全部出口至缅甸，不进入中国市场参与"商业活动"，中国境内的相关公众不可能接触到该产品，因而恒胜鑫泰公司、恒胜集团公司的这种使用行为不可能在中国境内起到识别商品来源的作用，因此这并非商标法意义上的商标使用行为。二审认定事实及适用法律均有错误，本院予以纠正。

关于第三个争议焦点，《商标法》第五十七条第（二）项规定的"容易导致混淆的"一语，指的是如果相关公众接触到被诉侵权商品，有发生混淆的可能性，并不要求相关公众一定实际接触到被诉侵权商品，也并不要求混淆的事实确定发生。本案中，恒胜鑫泰公司、恒胜集团公司在其生产、销售的被诉侵权的摩托车上使用"HONDAKIT"文字及图形，并且突出增大"HONDA"的文字部分，缩小"KIT"的文字部分，同时将H字母和类似羽翼形状部分标以红色，与甲会社请求保护的三个商标构成在相同或者类似商品上的近似商标。如前所述，被诉侵权行为构成商标的使用，亦具有造成相关公众混淆和误认的可能性，容易让相关公众混淆。我国经济由高速增长阶段转向高质量发展阶段，面临着经济发展全球化程度不断加深，国际贸易分工与经贸合作日益复杂，各国贸易政策冲突多变的形势，人民法院审理涉及涉外定牌加工的商标侵权纠纷案件，应当充分考量国内和国际经济发展大局，对特定时期、特定市场、特定交易形式的商标侵权纠纷进行具体分析，准确适用法律，正确反映"司法主导、严格保护、分类施策、比例协调"的知识产权司法政策导向，强化知识产权创造、保护、运用，积极营造良好的知识产权法治环境、市场环境、文化环境，大幅度提升我国知识产权创造、运用、保护和管理能力。自改革开放以来，涉外定牌加工贸易方式是我国对外贸易的重要方式，随着我国经济发展方式的转变，人们对于在涉外定牌加工中产生的商标侵权问题的认识和纠纷解决，也在不断变化和深化。归根结底，通过司法解决纠纷，在法律适用上，要维护法律制度的统一性，不能把某种贸易方式（如本案争议的涉外定牌加工方式）简单地固化为不侵犯商标权的除外情形，否则就违背了商标法上商标侵权判断的基本规则，这是必须加以澄清和强调的问题。另外，恒胜鑫泰公司、恒胜集团公司主张，恒胜集团公司获得了缅甸公司的商标使用授权，因此不构成侵权。对此，应予指出，商标权作为知识产权，具有地域性，对于没有在中国注册的商标，即使其在外国获得注册，在中国也不享有注册商标专用权，与之相应，中国境内的民事主体所获得的所谓"商标使用授权"，也不属于我国商标法保护的商标合法权利，不能作为不侵犯商标权的抗辩事由。因此，二审法院认为"恒胜集团公司生产涉案产品经过缅甸商标权利人合法授权"，适用法律错误，本院予以纠正。

再审法院认为，综上所述，恒胜鑫泰公司、恒胜集团公司的被诉侵权行为构成侵害甲会社请求保护的涉案三个商标的注册商标专用权，依法应当承担停止侵权、赔偿损失的民事责任。故判决如下：撤销二审判决，维持一审判决。

4. 兰建军、杭州小拇指汽车维修科技股份有限公司诉天津市小拇指汽车维修服务有限公司等侵害商标权及不正当竞争纠纷案（最高人民法院指导案例 30 号）

杭州小拇指公司成立于 2004 年 10 月 22 日，法定代表人为兰建军。其经营范围为："许可经营项目：无；一般经营项目：服务；汽车玻璃修补的技术开发，汽车油漆快速修复的技术开发；批发、零售；汽车配件；含下属分支机构经营范围；其他无须报经审批的一切合法项目（上述经营范围不含国家法律法规规定禁止、限制和许可经营的项目）。凡以上涉及许可证制度的凭证经营。"其下属分支机构为杭州小拇指公司萧山分公司，该分公司成立于 2005 年 11 月 8 日，经营范围为："汽车涂漆、玻璃安装"。该分公司于 2008 年 8 月 1 日取得的《道路运输经营许可证》载明的经营范围为："维修（二类机动车维修：小型车辆维修）"。

2011 年 1 月 14 日，杭州小拇指公司取得第 6573882 号"小拇指"文字注册商标，核定服务项目（第 35 类）：连锁店的经营管理（工商管理辅助）；特许经营的商业管理；商业管理咨询；广告（截止）。该商标现在有效期内。2011 年 4 月 14 日，兰建军将其拥有的第 6573881 号"小拇指"文字注册商标以独占使用许可的方式，许可给杭州小拇指公司使用。

杭州小拇指公司多次获中国连锁经营协会颁发的中国特许经营连锁 120 强证书，2009 年杭州小拇指公司"小拇指汽车维修服务"被浙江省质量技术监督局认定为浙江服务名牌。

天津小拇指公司成立于 2008 年 10 月 16 日，法定代表人田俊山。其经营范围为："小型客车整车修理、总成修理、整车维护、小修、维修救援、专项修理（许可经营项目的经营期限以许可证为准）。"

该公司于2010年7月28日取得的《天津市机动车维修经营许可证》载明类别为"二类（汽车维修）"，经营项目为"小型客车整车修理、总成修理、整车维护、小修、维修救援、专项维修。"有效期为2010年7月28日至2012年7月27日。

天津华商公司成立于1992年11月23日，法定代表人与天津小拇指公司系同一人，即田俊山。其经营范围为："汽车配件、玻璃、润滑脂、轮胎、汽车装具；车身清洁维护、电气系统维修、涂漆；代办快件、托运、信息咨询；普通货物（以上经营范围涉及行业许可证的凭许可证件在有效期内经营，国家有专项专营规定的按规定办理）。"天津华商公司取得的《天津市机动车维修经营许可证》的经营项目为："小型客车整车修理、总成修理、整车维护、小修、维修救援、专项修理"，类别为"二类（汽车维修）"，现在有效期内。

天津小拇指公司、天津华商公司在从事汽车维修及通过网站进行招商加盟过程中，多处使用了""标识，且存在单独或突出使用"小拇指"的情形。

2008年6月30日，天津华商公司与杭州小拇指公司签订了《特许连锁经营合同》，许可天津华商公司在天津经营"小拇指"品牌汽车维修连锁中心，合同期限为2008年6月30日至2011年6月29日。该合同第三条第（四）项约定："乙方（天津华商公司）设立加盟店，应以甲方（杭州小拇指公司）书面批准的名称开展经营活动。商号的限制使用（以下选择使用）：（√）未经甲方书面同意，乙方不得在任何场合和时间，以任何形式使用或对'小拇指'或'小拇指微修'等相关标志进行企业名称登记注册；未经甲方书面同意，不得将'小拇指'或'小拇指微修'名称加上任何前缀、后缀进行修改或补充；乙方不得注册含有'小拇指'或'小拇指微修'或与其相关或相近似字样的域名等，该限制包含对乙方的分支机构的限制。"2010年12月16日，天津华商公司与杭州小拇指公司因履行《特许连锁经营合同》发生纠纷，经杭州市仲裁委员会仲裁裁决解除合同。

另查明，杭州小拇指公司于2008年4月8日取得商务部商业特许经营备案。天津华商公司曾向商务部行政主管部门反映杭州小拇指公司违规从事特许经营活动应予撤销备案的问题。对此，浙江省商务厅《关于上报杭州小拇指汽车维修科技股份有限公司特许经营有关情况的函》记载：1. 杭州小拇指公司特许经营备案时已具备"两店一年"条件，符合《商业特许经营管理条例》第七条的规定，可以予以备案；2. 杭州小拇指公司主要负责"小拇指"品牌管理，不直接从事机动车维修业务，并且拥有自己的商标、专利、经营模式等经营资源，可以开展特许经营业务；3. 经向浙江省道路运输管理局有关负责人了解，杭州小拇指公司下属直营店拥有《道路运输经营许可证》，经营范围包含"三类机动车维修"或"二类机动车维修"，具备从事机动车维修的资质；4. 杭州小拇指公司授权许可，以及机动车维修经营不在特许经营许可范围内。

天津市第二中级人民法院于2012年9月17日作出（2012）二中民三知初字第47号民事判决：一、判决生效之日起天津市小拇指汽车维修服务有限公司立即停止侵害第6573881号和第6573882号"小拇指"文字注册商标的行为，即天津市小拇指汽车维修服务有限公司立即在其网站（www.tjxiaomuzhi.net）、宣传材料、优惠体验券及其经营场所（含分支机构）停止使用"小拇指"标识，并停止单独使用"小拇指"字样；二、判决生效之日起天津市华商汽车进口配件公司立即停止侵害第6573881号和第6573882号"小拇指"文字注册商标的行为，即天津市华商汽车进口配件公司立即停止在其网站

（www.tjxiaomuzhi.com）使用"小拇指"标识；三、判决生效之日起十日内，天津市小拇指汽车维修服务有限公司、天津市华商汽车进口配件公司连带赔偿兰建军、杭州小拇指汽车维修科技股份有限公司经济损失及维权费用人民币 50000 元；四、驳回兰建军、杭州小拇指汽车维修科技股份有限公司的其他诉讼请求。宣判后，兰建军、杭州小拇指公司及天津小拇指公司、天津华商公司均提出上诉。天津市高级人民法院于 2013 年 2 月 19 日作出（2012）津高民三终字第 0046 号民事判决：一、维持天津市第二中级人民法院（2012）二中民三知初字第 47 号民事判决第一、二、三项及逾期履行责任部分；二、撤销天津市第二中级人民法院（2012）二中民三知初字第 47 号民事判决第四项；三、自本判决生效之日起，天津市小拇指汽车维修服务有限公司立即停止在其企业名称中使用"小拇指"字号；四、自本判决生效之日起十日内，天津市小拇指汽车维修服务有限公司赔偿杭州小拇指汽车维修科技股份有限公司经济损失人民币 30000 元；五、驳回兰建军、杭州小拇指汽车维修科技股份有限公司的其他上诉请求；六、驳回天津市小拇指汽车维修服务有限公司、天津市华商汽车进口配件公司的上诉请求。

法院生效裁判认为：本案的主要争议焦点为被告天津小拇指公司、天津华商公司的被诉侵权行为是否侵害了原告兰建军、杭州小拇指公司的注册商标专用权，以及是否构成对杭州小拇指公司的不正当竞争。

一、关于被告是否侵害了兰建军、杭州小拇指公司的注册商标专用权

天津小拇指公司、天津华商公司在从事汽车维修及通过网站进行招商加盟过程中，多处使用了"小拇指"标识，且存在单独或

突出使用"小拇指"的情形，相关公众施以一般注意力，足以对服务的来源产生混淆，或误认天津小拇指公司与杭州小拇指公司之间存在特定联系。标识主体及最易识别部分"小拇指"字样与涉案注册商标相同，同时考虑天津小拇指公司在经营场所、网站及宣传材料中对"小拇指"的商标性使用行为，应当认定该标识与涉案的"小拇指"文字注册商标构成近似。据此，因天津小拇指公司、天津华商公司在与兰建军、杭州小拇指公司享有权利的第6573881号"小拇指"文字注册商标核定的相同服务项目上，未经许可而使用"小拇指"及单独使用"小拇指"字样，足以导致相关公众的混淆和误认，属于《中华人民共和国商标法》（以下简称《商标法》）第五十二条第（一）项规定的侵权行为。天津小拇指公司、天津华商公司通过其网站进行招商加盟的商业行为，根据《最高人民法院关于审理商标民事纠纷案件适用法律若干问题的解释》第十二条之规定，可以认定在与兰建军、杭州小拇指公司享有权利的第6573882号"小拇指"文字注册商标核定服务项目相类似的服务中使用了近似商标，且未经权利人许可，亦构成《商标法》第五十二条第（一）项规定的侵权行为。

二、被告是否构成对杭州小拇指公司的不正当竞争

该争议焦点涉及两个关键问题：一是经营者是否存在超越法定经营范围的违反行政许可法律法规行为及其民事权益能否得到法律保护；二是如何认定反不正当竞争法调整的竞争关系。

（一）关于经营者是否存在超越法定经营范围行为及其民事权益能否得到法律保护

天津小拇指公司、天津华商公司认为其行为不构成不正当竞争的一个主要理由在于，杭州小拇指公司未依法取得机动车维修的相关许可，超越法定经营范围从事特许经营且不符合法定条件，属于非法经

营行为，杭州小拇指公司主张的民事权益不应得到法律保护。故本案中要明确天津小拇指公司、天津华商公司所指称杭州小拇指公司超越法定经营范围而违反行政许可法律法规的行为是否成立，以及相应民事权益能否受到法律保护的问题。

首先，对于超越法定经营范围违反有关行政许可法律法规的行为，应当依法由相应的行政主管部门进行认定，主张对方有违法经营行为的一方，应自行承担相应的举证责任。本案中，对于杭州小拇指公司是否存在非法从事机动车维修及特许经营业务的行为，从现有证据和事实看，难以得出肯定性的结论。经营汽车维修属于依法许可经营的项目，但杭州小拇指公司并未从事汽车维修业务，其实际从事的是授权他人在车辆清洁、保养和维修等服务中使用其商标，或以商业特许经营的方式许可其直营店、加盟商在经营活动中使用其"小拇指"品牌、专利技术等，这并不以其自身取得经营机动车维修业务的行政许可为前提条件。此外，杭州小拇指公司已取得商务部商业特许经营备案，杭州小拇指公司特许经营备案时已具备"两店一年"条件，其主要负责"小拇指"品牌管理，不直接从事机动车维修业务，并且拥有自己的商标、专利、经营模式等经营资源，可以开展特许经营业务。故本案依据现有证据，并不能认定杭州小拇指公司存在违反行政许可法律法规从事机动车维修或特许经营业务的行为。

其次，即使有关行为超越法定经营范围而违反行政许可法律法规，也应由行政主管部门依法查处，不必然影响有关民事权益受到侵害的主体提起民事诉讼的资格，亦不能以此作为被诉侵权者对其行为不构成侵权的抗辩。本案中，即使杭州小拇指公司超越法定经营范围而违反行政许可法律法规，这属于行政责任范畴，该行为并不影响其依法行使制止商标侵权和不正当竞争行为的民事权利，也不影响人民法院依法保护其民事权益。被诉侵权者以经营者超越法定经营范围而违反行政许可法律法规为由主张其行为不构成侵权的，人民法院不予支持。

（二）关于如何认定反不正当竞争法调整的竞争关系

经营者之间是否存在竞争关系是认定构成不正当竞争的关键。《中华人民共和国反不正当竞争法》（以下简称反不正当竞争法）第二条规定："经营者在市场交易中，应当遵循自愿、平等、公平、诚实信用的原则，遵守公认的商业道德。本法所称的不正当竞争，是指经营者违反本法规定，损害其他经营者的合法权益，扰乱社会经济秩序的行为。本法所称的经营者，是指从事商品经营或者营利性服务（以下所称商品包括服务）的法人、其他经济组织和个人。"由此可见，反不正当竞争法并未限制经营者之间必须具有直接的或具体的竞争关系，也没有要求经营者从事相同行业。反不正当竞争法所规制的不正当竞争行为，是指损害其他经营者合法权益、扰乱经济秩序的行为，从直接损害对象看，受损害的是其他经营者的市场利益。因此，经营者之间具有间接竞争关系，行为人违背反不正当竞争法的规定，损害其他经营者合法权益的，也应当认定为不正当竞争行为。

本案中，被诉存在不正当竞争的天津小拇指公司与天津华商公司均从事汽车维修行业。根据已查明的事实，杭州小拇指公司本身不具备从事机动车维修的资质，也并未实际从事汽车维修业务，但从其所从事的汽车玻璃修补、汽车油漆快速修复等技术开发活动，以及经授权许可使用的注册商标核定服务项目所包含的车辆保养和维修等可以认定，杭州小拇指公司通过将其拥有的企业标识、注册商标、专利、专有技术等经营资源许可其直营店或加盟店使用，使其成为"小拇指"品牌的运营商,以商业特许经营的方式从事与汽车维修相关的经营活动。因此,杭州小拇指公司是汽车维修市场的相关经营者,其与天津小拇指公司及天津华商公司之间存在间接竞争关系。

反不正当竞争法第五条第(三)项规定,禁止经营者擅自使用他人企业名称,引人误认为是他人的商品,以损害竞争对手。在认定原被告双方存在间接竞争关系的基础上,确定天津小拇指公司登记注册"小拇指"字号是否构成擅自使用他人企业名称的不正当竞争行为,应当综合考虑以下因素:

1. 杭州小拇指公司的企业字号是否具有一定的市场知名度。根据本案现有证据,杭州小拇指公司自2004年10月成立时起即以企业名称中的"小拇指"作为字号使用,并以商业特许经营的方式从事汽车维修行业,且专门针对汽车小擦小碰的微创伤修复,创立了"小拇指"汽车微修体系,截至2011年,杭州小拇指公司在全国已有加盟店400余个。虽然"小拇指"本身为既有词汇,但通过其直营店和加盟店在汽车维修领域的持续使用及宣传,"小拇指"汽车维修已在相关市场起到识别经营主体及与其他服务相区别的作用。2008年10月天津小拇指公司成立时,杭州小拇指公司的"小拇指"字号及相关服务在相关公众中已具有一定的市场知名度。

2. 天津小拇指公司登记使用"小拇指"字号是否具有主观上的恶意。市场竞争中的经营者,应当遵循诚实信用原则,遵守公认的商业道德,尊重他人的市场劳动成果,登记企业名称时,理应负有对同行业在先字号予以避让的义务。本案中,天津华商公司作为被特许人,曾于2008年6月30日与作为"小拇指"品牌特许人的杭州小拇指公司签订《特许连锁经营合同》,法定代表人田俊山代表该公司在合同上签字,其知晓合同的相关内容。天津小拇指公司虽主张其与天津华商公司之间没有关联,是两个相互独立的法人,但两公司的法定代表人均为田俊山,且天津华商公司的网站内所显示的宣传信息及相关联系信息均直接指向天津小拇指公司,并且天津华商公司将其登记的经营地点作为天津小拇指公司天津总店的经营地点。故应认定,作为汽车维修相关市场的经营者,天津小拇指公司成立时,对杭州小拇指公司及其经营资源、发展趋势等应当知晓,但天津小拇指公司仍将"小拇指"作为企业名称中识别不同市场主体核心标识的企业字号,且不能提供使用"小拇指"作为字号的合理依据,其主观上明显具有"搭便车"及攀附他人商誉的意图。

3. 天津小拇指公司使用"小拇指"字号是否足以造成市场混淆。根据已查明事实,天津小拇指公司在其开办的网站及其他宣传材料中,均以特殊字体突出注明"汽车小划小碰怎么办?找天津小拇指""天津小拇指专业特长"的字样,其"优惠体验券"中亦载明"汽车小划小痕,找天津小拇指",其服务对象与杭州小拇指公司运营的"小拇指"汽车维修体系的消费群体多有重合。且自2010年起,杭州小拇指公司在天津地区的加盟店也陆续成立,两者的服务区域也已出现重合。故天津小拇指公司以"小拇指"为字号登记使用,必然会使相关公众误认两者存在某种渊源或联系,加之天津小拇指公司存在单独或突出使用"小拇指"汽车维修、"天津小拇指"等字样进行宣传的行为,足以使相关公众对市场主体和服务来源产生混淆和误认,容易造成竞争秩序的混乱。

综合以上分析,天津小拇指公司登记使用该企业名称本身违反了诚实信用原则,具有不正当性,且无论是否突出使用均难以避免产生市场混淆,已构成不正当竞争,应对此承担停止使用"小拇指"字号及赔偿相应经济损失的民事责任。

5. 成都同德福合川桃片有限公司诉重庆市合川区同德福桃片有限公司、余晓华侵害商标权及不正当竞争纠纷案（最高人民法院指导案例 58 号）

开业于 1898 年的同德福斋铺，在 1916 年至 1956 年期间，先后由余鸿春、余复光、余永祚三代人经营。在 20 世纪 20 年代至 50 年代期间，"同德福"商号享有较高知名度。1956 年，由于公私合营，同德福斋铺停止经营。1998 年，合川市桃片厂温江分厂获准注册了第 1215206 号"同德福 TONGDEFU 及图"商标，核定使用范围为第 30 类，即糕点、桃片（糕点）、可可产品、人造咖啡。2000 年 11 月 7 日，前述商标的注册人名义经核准变更为成都同德福公司。成都同德福公司的多种产品外包装使用了"老字号""百年老牌"字样、"'同德福牌'桃片简介：'同德福牌'桃片创制于清乾隆年间（或 1840 年），有着悠久的历史文化"等字样。成都同德福公司网站中"公司简介"页面将《合川文史资料选辑（第二辑）》中关于同德福斋铺的历史用于其"同德福"牌合川桃片的宣传。

2002 年 1 月 4 日，余永祚之子余晓华注册个体工商户，字号名称为合川市老字号同德福桃片厂，经营范围为桃片、小食品自产自销。2007 年，其字号名称变更为重庆市合川区同德福桃片厂，后注销。2011 年 5 月 6 日，重庆同德福公司成立，法定代表人为余晓华，经营范围为糕点（烘烤类糕点、熟粉类糕点）生产，该公司是第 6626473 号"余复光 1898"图文商标、第 7587928 号"余晓华"图文商标的注册商标专用权人。重庆同德福公司的多种产品外包装使用了"老字号【同德福】商号，始创于清光绪二十三年（1898 年）历史悠久"等介绍同德福斋铺历史及获奖情况的内容，部分产品在该段文字后注明"以上文字内容摘自《合川县志》""【同德福】颂：同德福，在合川,驰名远,开百年,做桃片,四代传,品质高,价亦廉,讲诚信,无欺言,买卖公,热情谈""合川桃片""重庆市合川区同德福桃片有限公司"等字样。

重庆市第一中级人民法院于2013年7月3日作出(2013)渝一中法民初字第00273号民事判决:一、成都同德福公司立即停止涉案的虚假宣传行为。二、成都同德福公司就其虚假宣传行为于本判决生效之日起连续五日在其网站刊登声明消除影响。三、驳回成都同德福公司的全部诉讼请求。四、驳回重庆同德福公司、余晓华的其他反诉请求。一审宣判后,成都同德福公司不服,提起上诉。重庆市高级人民法院于2013年12月17日作出(2013)渝高法民终字00292号民事判决:驳回上诉,维持原判。

法院生效裁判认为:个体工商户余晓华及重庆同德福公司与成都同德福公司经营范围相似,存在竞争关系;其字号中包含"同德福"三个字与成都同德福公司的"同德福TONGDEFU及图"注册商标的文字部分相同,与该商标构成近似。其登记字号的行为是否构成不正当竞争关键在于该行为是否违反诚实信用原则。成都同德福公司的证据不足以证明"同德福TONGDEFU及图"商标已经具有相当知名度,即便他人将"同德福"登记为字号并规范使用,不会引起相关公众误认,因而不能说明余晓华将个体工商户字号注册为"同德福"具有"搭便车"的恶意。而且,在20世纪20年代至50年代期间,"同德福"商号享有较高商誉。同德福斋铺先后由余鸿春、余复光、余永祚三代人经营,尤其是在余复光经营期间,同德福斋铺生产的桃片获得了较多荣誉。余晓华系余复光之孙、余永祚之子,基于同德福斋铺的商号曾经获得的知名度及其与同德福斋铺经营者之间的直系亲属关系,将个体工商户字号登记为"同德福"具有合理性。余晓华登记个体工商户字号的行为是善意的，并未违反诚实信用原则，不构成不正当竞争。基于经营的延续性，其变更个体工商户字号的行为以及重庆同德福公司登记公司名称的行为亦不构成不正当竞争。

从重庆同德福公司产品的外包装来看，重庆同德福公司使用的是企业全称，标注于外包装正面底部，"同德福"三字位于企业全称之中，与整体保持一致，没有以简称等形式单独突出使用，也没有为突出显示而采取任何变化，且整体文字大小、字形、颜色与其他部分相比不突出。因此，重庆同德福公司在产品外包装上标注企业名称的行为系规范使用，不构成突出使用字号，也不构成侵犯商标权。就重庆同德福公司标注"同德福颂"的行为而言，"同德福颂"四字相对于其具体内容（三十六字打油诗）字体略大，但视觉上形成一个整体。其具体内容系根据史料记载的同德福斋铺曾经在商品外包装上使用过的一段类似文字改编，意在表明"同德福"商号的历史和经营理念，并非突出"同德福"三个字。且重庆同德福公司的产品外包装使用了多项商业标识，其中"合川桃片"集体商标特别突出，其自有商标也比较明显，并同时标注了"合川桃片"地理标志及重庆市非物质文化遗产，相对于这些标识来看，"同德福颂"及其具体内容仅属于普通描述性文字，明显不具有商业标识的形式，也不够突出醒目，客观上不容易使消费者对商品来源产生误认，亦不具备替代商标的功能。因此，重庆同德福公司标注"同德福颂"的行为不属于侵犯商标权意义上的"突出使用"，不构成侵犯商标权。

成都同德福公司的网站上登载的部分"同德福牌"桃片的历史及荣誉，与史料记载的同德福斋铺的历史及荣誉一致，且在其网站上标注了史料来源，但并未举证证明其与同德福斋铺存在何种联系。此外，成都同德福公司还在其产品外包装标明其为"百年老牌""老字号""始创于清朝乾隆年间"等字样，而其"同德福 TONGDEFU 及图"商标核准注册的时间是 1998 年，就其采取前述标注行为的依据，成都同德福公司亦未举证证明。成都同德福公司的前述行为与事实不符，容易使消费者对于其品牌的起源、历史及其与同德福斋铺的关系产生误解，进而取得竞争上的优势，构成虚假宣传，应承担相应的停止侵权、消除影响的民事责任。

6. "西××"仿冒混淆纠纷案（2023 年人民法院反垄断和反不正当竞争典型案例①之六）

核准注册在洗衣机商品上的涉案注册商标"西××"由西××公司及简称西××中国公司享有专用权，经过长期使用具有较高知名度。西××公司及西××中国公司的字号"西××"亦具有一定的影响。甲电器公司在其生产销售的洗衣机产品、产品外包装及相关宣传活动中使用了"上海西××电器有限公司"标识；个人独资企业乙电器公司销售了前述被诉侵权产品。西××公司及西××中国公司以甲电器公司、乙电器公司的前述行为侵害了其注册商标专用权并构成不正当竞争为由提起本案诉讼，请求赔偿经济损失 1 亿元及合理开支 163000 元。江苏省高级人民法院一审认为，甲电器公司、乙电器公司的行为构成商标侵权及不正当竞争，全额支持了西××公司及西××中国公司的赔偿请求。甲电器公司等不服，提起上诉。

最高人民法院二审认为，甲电器公司在洗衣机机身上、商品外包装及宣传活动中使用"上海西××电器有限公司"，分别对西××公司构成商标侵权及《反不正当竞争法》第六条第（二）项、第（四）项

---

① 《2023 年人民法院反垄断和反不正当竞争典型案例》，载最高人民法院网，https://www.court.gov.cn/zixun/xiangqing/411732.html，2023 年 10 月 20 日访问。

规定的不正当竞争行为。鉴于甲电器公司在诉讼中拒不提供与侵权行为相关的财务资料，一审法院将在案的媒体报道内容作为销售总额的计算依据，并按照十五分之一计算被诉侵权产品的销售额占比，进而确定赔偿额的做法并无不当。虽现有证据无法证明侵权获利及侵权损失，但足以认定甲电器公司因生产、销售被诉侵权产品而获得的利益明显超过《反不正当竞争法》第十七条第四款规定的法定赔偿最高限额，综合考虑西××公司及西××中国公司企业名称具有较高的知名度，甲电器公司具有明显的主观恶意、侵权规模、侵权持续时间，并结合洗衣机产品的利润率等因素，一审确定的赔偿数额并无不当。最高人民法院二审判决，驳回上诉，维持原判。

本案是打击仿冒混淆行为的典型案例。本案中，人民法院认定将与他人有一定影响的企业名称中的字号及注册商标相同或相近似的标识作为字号使用，并从事经营活动的行为构成《反不正当竞争法》第六条规定的不正当竞争行为。同时，在现有证据无法证明侵权获利及实际损失具体数额的情况下，人民法院细化了确定赔偿数额的考量因素。本案裁判对混淆行为的认定、赔偿数额的计算等法律适用问题具有示范意义。

● **相关案例索引**

乐器公司诉进出口公司侵害商标权及不正当竞争纠纷案［最高人民法院（2020）最高法民再25号民事判决书］

商标法施行前限定使用在出口商品上的外文商标，由于商标法实施后取消了使用范围限制，从而形成与近似中文注册商标共存的事实。两商标的权利人应当以其核定使用的商品和商标标志为限，享有各自独立的专用权。

● *相关规定*

《烟草专卖法》第 21 条、第 37 条；《商标法实施条例》第 76 条；《最高人民法院关于审理商标民事纠纷案件适用法律若干问题的解释》第 1 条、第 9~12 条、第 18 条；《商标印制管理办法》；《商标侵权判断标准》

第五十八条　不正当竞争

将他人注册商标、未注册的驰名商标作为企业名称中的字号使用，误导公众，构成不正当竞争行为的，依照《中华人民共和国反不正当竞争法》处理。

第五十九条　注册商标专用权行使限制

注册商标中含有的本商品的通用名称、图形、型号，或者直接表示商品的质量、主要原料、功能、用途、重量、数量及其他特点，或者含有的地名，注册商标专用权人无权禁止他人正当使用。

三维标志注册商标中含有的商品自身的性质产生的形状、为获得技术效果而需有的商品形状或者使商品具有实质性价值的形状，注册商标专用权人无权禁止他人正当使用。

商标注册人申请商标注册前，他人已经在同一种商品或者类似商品上先于商标注册人使用与注册商标相同或者近似并有一定影响的商标的，注册商标专用权人无权禁止该使用人在原使用范围内继续使用该商标，但可以要求其附加适当区别标识。

● *典型案例*

1. 山东鲁锦实业有限公司诉鄄城县鲁锦工艺品有限责任公司、济宁礼之邦家纺有限公司侵害商标权及不正当竞争纠纷案（最高人民法院指导案例46号）

山东鲁锦实业有限公司（以下简称鲁锦公司）的前身嘉祥县瑞锦民间工艺品厂于1999年12月21日取得注册号为第1345914号的"鲁锦"文字商标，有效期为1999年12月21日至2009年12月20日，核定使用商品为第25类服装、鞋、帽类。鲁锦公司又于2001年11月14日取得注册号为第1665032号的"Lj+LUJIN"的组合商标，有效期为2001年11月14日至2011年11月13日，核定使用商品为第24类的"纺织物、棉织品、内衣用织物、纱布、纺织品、毛巾布、无纺布、浴巾、床单、纺织品家具罩等"。嘉祥县瑞锦民间工艺品厂于2001年2月9日更名为嘉祥县鲁锦实业有限公司，后于2007年6月11日更名为山东鲁锦实业有限公司。

鲁锦公司在获得"鲁锦"注册商标专用权后，在多家媒体多次宣传其产品及注册商标，并于2006年3月被"中华老字号"工作委员会接纳为会员单位。鲁锦公司经过多年努力及长期大量的广告宣传和市场推广，其"鲁锦"牌系列产品，特别是"鲁锦"牌服装在国内享有一定的知名度。2006年11月16日，"鲁锦"注册商标被审定为山东省著名商标。

2007年3月，鲁锦公司从礼之邦鲁锦专卖店购买到由鄄城县鲁锦工艺品有限责任公司（以下简称鄄城鲁锦公司）生产的同鲁锦公司注册商标所核定使用的商品相同或类似的商品，该商品上的标签（吊牌）、包装盒、包装袋及店堂门面上均带有"鲁锦"字样。在该店门面上"鲁锦"已被突出放大使用，其出具的发票上加盖的印章为济宁礼之邦家纺有限公司（以下简称礼之邦公司）公章。

鄄城鲁锦公司于2003年3月3日成立，在产品上使用的商标是"精一坊文字+图形"组合商标，该商标已申请注册，但尚未核准。2007年9月，鄄城鲁锦公司申请撤销鲁锦公司已注册的第1345914号"鲁锦"商标，国家工商总局商标评审委员会已受理但未作出裁定。

一审法院根据鲁锦公司的申请，依法对鄄城鲁锦公司、礼之邦公司进行了证据保全，发现二被告处存有大量同"鲁锦"注册商标核准使用的商品同类或者类似的商品，该商品上的标签（吊牌）、包装盒、包装袋、商品标价签以及被告店堂门面上均带有原告注册商标"鲁锦"字样。被控侵权商品的标签（吊牌）、包装盒、包装袋上已将"鲁锦"文字放大，作为商品的名称或者商品装潢醒目突出使用，且包装袋上未标识生产商及其地址。

另查明：鲁西南民间织锦是一种山东民间纯棉手工纺织品，因其纹彩绚丽、灿烂似锦而得名，在鲁西南地区已有上千年的历史，是历史悠久的齐鲁文化的一部分。20世纪80年代中期，鲁西南织锦开始被开发利用。1986年1月8日，在济南举行了"鲁西南织锦与现代生活展览汇报会"。1986年8月20日，在北京民族文化宫举办了"鲁锦与现代生活展"。1986年前后，《人民日报》《经济参考》《农民日报》等报刊发表"鲁锦"的专题报道，中央电视台、山东电视台也拍摄了多部"鲁锦"的专题片。自此，"鲁锦"作为山东民间手工棉纺织品的通称被广泛使用。此后，鲁锦的研究、开发和生产逐渐普及并不断发展壮大。1987年11月15日，为促进鲁锦文化与现代生活的进一步结合，加拿大国际发展署（CIDA）与中华全国妇女联合会共同在鄄城县杨屯村举行了双边合作项目——鄄城杨屯妇女鲁锦纺织联社培训班。

山东省及济宁市、菏泽市等地方史志资料在谈及历史、地方特产或传统工艺时,对"鲁锦"也多有记载,均认为"鲁锦"是流行在鲁西南地区广大农村的一种以棉纱为主要原料的传统纺织产品,是山东的主要民间美术品种之一。相关工具书及出版物也对"鲁锦"多有介绍,均认为"鲁锦"是山东民间手工织花棉布,以棉花为主要原料,手工织线、染色、织造,俗称"土布"或"手织布",因此布色彩斑斓,似锦似绣,故称为"鲁锦"。

1995年12月25日,山东省文物局作出《关于建设"中国鲁锦博物馆"的批复》,同意菏泽地区文化局在鄄城县成立"中国鲁锦博物馆"。2006年12月23日,山东省人民政府公布第一批省级非物质文化遗产,其中山东省文化厅、鄄城县、嘉祥县申报的"鲁锦民间手工技艺"被评定为非物质文化遗产。2008年6月7日,国务院国发〔2008〕19号文件确定由山东省鄄城县、嘉祥县申报的"鲁锦织造技艺"被列入第二批国家级非物质文化遗产名录。

山东省济宁市中级人民法院于2008年8月25日作出(2007)济民五初字第6号民事判决:一、鄄城鲁锦公司于判决生效之日立即停止在其生产、销售的第25类服装类系列商品上使用"鲁锦"作为其商品名称或者商品装潢,并于判决生效之日起30日内,消除其现存被控侵权产品上标明的"鲁锦"字样;礼之邦公司立即停止销售鄄城鲁锦公司生产的被控侵权商品。二、鄄城鲁锦公司于判决生效之日起15日内赔偿鲁锦公司经济损失25万元;礼之邦公司赔偿鲁锦公司经济损失1万元。三、鄄城鲁锦公司于判决生效之日起30日内变更企业名称,变更后的企业名称中不得包含"鲁锦"文字;礼之邦公司于判决生效之日立即消除店堂门面上的"鲁锦"字样。宣判后,鄄城鲁锦公司与礼之邦公司提起上诉。山东省高级人民法院于2009年8月5

日作出（2009）鲁民三终字第 34 号民事判决：撤销山东省济宁市中级人民法院（2007）济民五初字第 6 号民事判决；驳回鲁锦公司的诉讼请求。

法院生效裁判认为：根据本案事实可以认定，在 1999 年鲁锦公司将"鲁锦"注册为商标之前，已是山东民间手工棉纺织品的通用名称，"鲁锦"织造技艺为非物质文化遗产。鄄城鲁锦公司、礼之邦公司的行为不构成商标侵权，也非不正当竞争。

首先，"鲁锦"已成为具有地域性特点的棉纺织品的通用名称。商品通用名称是指行业规范或社会公众约定俗成的对某一商品的通常称谓。该通用名称可以是行业规范规定的称谓，也可以是公众约定俗成的简称。鲁锦指鲁西南民间纯棉手工织锦，其纹彩绚丽灿烂似锦，在鲁西南地区已有上千年的历史。"鲁锦"作为具有山东特色的手工纺织品的通用名称，为国家主流媒体、各类专业报纸以及山东省新闻媒体所公认，山东省、济宁市、菏泽市、嘉祥县、鄄城县的省市县三级史志资料均将"鲁锦"记载为传统鲁西南民间织锦的"新名"，有关工艺美术和艺术的工具书中也确认"鲁锦"就是产自山东的一种民间纯棉手工纺织品。"鲁锦"织造工艺历史悠久，在提到"鲁锦"时，人们想到的就是传统悠久的山东民间手工棉纺织品及其织造工艺。"鲁锦织造技艺"被确定为国家级非物质文化遗产。"鲁锦"代表的纯棉手工纺织生产工艺并非由某一自然人或企业法人发明而成，而是由山东地区特别是鲁西南地区人民群众长期劳动实践而形成。"鲁锦"代表的纯棉手工纺织品的生产原料亦非某一自然人或企业法人特定种植，而是山东不特定地区广泛种植的棉花。自 20 世纪 80 年代中期后，经过媒体的大量宣传，"鲁锦"已成为以棉花为主要原料、手工织线、染色、织造的山东地区民间手工纺织品的通称，且已在山东地区纺织行业领域内通用,并被相关社会公众所接受。综上所述,可以认定"鲁锦"是山东地区特别是鲁西南地区民间纯棉手工纺织品的通用名称。

关于鲁锦公司主张"鲁锦"这一名称不具有广泛性,在我国其他地方也出产老粗布,但不叫"鲁锦"。对此法院认为,对于具有地域性特点的商品通用名称,判断其广泛性应以特定产区及相关公众为标准,而不应以全国为标准。我国其他省份的手工棉纺织品不叫"鲁锦",并不影响"鲁锦"专指山东地区特有的民间手工棉纺织品这一事实。关于鲁锦公司主张"鲁锦"不具有科学性,棉织品应称为"棉"而不应称为"锦"。对此法院认为,名称的确定与其是否符合科学没有必然关系,对于已为相关公众接受、指代明确、约定俗成的名称,即使有不科学之处,也不影响其成为通用名称。关于鲁锦公司还主张"鲁锦"不具有普遍性,山东省内有些经营者、消费者将这种民间手工棉纺织品称为"粗布"或"老土布"。对此法院认为,"鲁锦"这一称谓是20世纪80年代中期确定的新名称,经过多年宣传与使用,现已为相关公众所知悉和接受。"粗布""老土布"等旧有名称的存在,不影响"鲁锦"通用名称的认定。

其次,注册商标中含有的本商品的通用名称,注册商标专用权人无权禁止他人正当使用。《中华人民共和国商标法实施条例》第四十九条规定:"注册商标中含有的本商品的通用名称、图形、型号,或者直接表示商品的质量、主要原料、功能、用途、重量、数量及其他特点,或者含有地名,注册商标专用权人无权禁止他人正当使用。"商标的作用主要为识别性,即消费者能够依不同的商标而区别相应的商品及服务的提供者。保护商标权的目的,就是防止对商品及服务的来源产生混淆。由于鲁锦公司"鲁锦"文字商标和"Lj+LUJIN"组合商标，与作为山东民间手工棉纺织品通用名称的"鲁锦"一致，其应具备的显著性区别特征因此趋于弱化。"鲁锦"虽不是鲁锦服装的通用名称，但却是山东民间手工棉纺织品的通用名称。商标注册人对商标中通用名称部分不享有专用权，不影响他人将"鲁锦"作为通用名称正当使用。鲁西南地区有不少以鲁锦为面料生产床上用品、工艺品、服饰的厂家，这些厂家均可以正当使用"鲁锦"名称，在其产品上叙述性标明其面料采用鲁锦。

本案中，鄄城鲁锦公司在其生产的涉案产品的包装盒、包装袋上使用"鲁锦"两字，虽然在商品上使用了鲁锦公司商标中含有的商品通用名称，但仅是为了表明其产品采用鲁锦面料，其生产技艺具备鲁锦特点，并不具有侵犯鲁锦公司"鲁锦"注册商标专用权的主观恶意，也并非作为商业标识使用，属于正当使用，故不应认定为侵犯"鲁锦"注册商标专用权的行为。基于同样的理由，鄄城鲁锦公司在其企业名称中使用"鲁锦"字样，也系正当使用，不构成不正当竞争。礼之邦公司作为鲁锦制品的专卖店，同样有权使用"鲁锦"字样，亦不构成对"鲁锦"注册商标专用权的侵犯。

此外，鲁锦公司的"鲁锦"文字商标和"Lj+LUJIN"的组合商标已经国家商标局核准注册并核定使用于第25类、第24类商品上，该注册商标专用权应依法受法律保护。虽然鄄城鲁锦公司对此商标提出撤销申请，但在国家商标局商标评审委员会未撤销前，仍应依法保护上述有效注册商标。鉴于"鲁锦"是注册商标，为规范市场秩序，保护公平竞争，鄄城鲁锦公司在今后使用"鲁锦"字样以标明其产品面料性质的同时，应合理避让鲁锦公司的注册商标专用权，在其产品包装上突出使用自己的"精一坊"商标，以显著区别产品来源，方便消费者识别。

2. 餐饮管理公司与火锅店侵害商标权纠纷案（2022年中国法院十大知识产权案件①之四）

餐饮管理公司系第12046×××号注册商标 ![青花椒]、第17320×××号注册商标 ![青花椒]、第23986×××号注册商标 ![青花椒] 的权利人，核定服务项目均包括第43类饭店、餐厅等，且均在有效期内。2021年5月21日，餐饮管理公司发现火锅店在店招上使用"青花椒鱼火锅"字样，遂以火锅店侵害其注册商标专用权为由诉至法院，请求判令火锅店立即停止商标侵权行为并赔偿餐饮管理公司经济损失及合理开支共计5万元。

一审法院认为，火锅店被诉行为构成商标侵权，遂判令火锅店停止侵权并赔偿经济损失及合理开支共计3万元。火锅店不服，提起上诉。四川省高级人民法院二审认为，青花椒作为川菜的调味料已广为人知。由于饭店、餐厅服务和菜品调味料之间的天然联系，使得涉案商标和含有"青花椒"字样的菜品名称在辨识上相互混同，极大地降低了涉案商标的显著性。涉案商标的弱显著性特点决定了其保护范围不宜过宽，否则会妨碍其他市场主体的正当使用，影响公平竞争的市场秩序。本案中，火锅店店招中包含的"青花椒"字样，是对其提供的菜品鱼火锅中含有青花椒调味料这一特点的客观描述，没有单独突出使用，没有攀附餐饮管理公司涉案商标的意图，不易导致相关公众混淆或误认。火锅店被诉行为系正当使用，不构成商标侵权，遂判决

---

① 《最高人民法院发布2022年中国法院十大知识产权案件和50件典型知识产权案例》，载最高人民法院网，https://www.court.gov.cn/zixun/xiangqing/397162.html，2023年10月20日访问。

撤销一审判决,驳回餐饮管理公司的全部诉讼请求。

该案二审判决明确了商标正当使用的认定标准,讲出"权利有边界,行使须诚信"的"大道理"。二审判决充分尊重人民群众的常识、常情和常理,依法维护诚信、正当经营的小微企业的合法权益和公平竞争的市场秩序。

3. ×飞人制造公司与商务咨询公司等侵害商标权及不正当竞争纠纷案(2021年中国法院10大知识产权案件①之一)

×飞人制造公司是"×飞人"注册商标权利人,该商标核定使用商品为第3类的花露水、化妆品等。同时,×飞人制造公司还是两个核定使用在爽肤水产品上的×飞人立体商标的权利人。制药厂拥有指定使用在第3类商品上的"×佳"注册商标,商务咨询公司独家代理在中国境内宣传、推广、分销和销售×佳薄荷水等"×佳"品牌化妆品。×飞人制造公司以商务咨询公司等生产、销售×佳薄荷水侵害其注册商标专用权,并同时实施了不正当竞争行为为由,向法院提起诉讼。

一审法院认为,×佳薄荷水与"×飞人"商标核定使用的"×飞人爽水"属于相同商品。经对比,被诉侵权产品包装与×飞人制造公司的立体商标构成近似并可能导致相关公众混淆误认,商务咨询公司侵害了×飞人制造公司的立体商标专用权。同时,商务咨询公司为实现商业目的,在产品宣传中强调其产品为"×飞人"产品(×飞人药水),构成对"×飞人"文字商标的侵权。此外,×佳薄荷水的包装装潢与×飞人制造公司知名商品的包装装潢近似,商务咨询公司的行为

---

① 《最高人民法院发布2021年中国法院10大知识产权案件和50件典型知识产权案例》,载最高人民法院网,https://www.court.gov.cn/zixun/xiangqing/411732.html,2023年10月20日访问。

构成不正当竞争。商务咨询公司等不服提起上诉,二审法院判决驳回上诉,维持原判。商务咨询公司向最高人民法院申请再审。最高人民法院再审认为,商务咨询公司提交的证据可以证明,制药厂自20世纪90年代起在中国大陆部分地区的报纸上刊登"×飞人药水"广告,持续时间较长、发行地域和发行量较大,可证明制药厂在先使用的"×飞人药水"所采用的"蓝、白、红"包装有一定影响。×飞人制造公司明知"×飞人药水"存在于市场,却恶意申请注册与"×飞人药水"包装近似的立体商标并行使权利,其行为难言正当,商务咨询公司的在先使用抗辩成立。×飞人制造公司关于商务咨询公司构成侵害注册商标专用权及不正当竞争的主张均不能成立。最高人民法院遂判决撤销一审、二审判决,驳回×飞人制造公司的诉讼请求。

本案涉及商标先用权抗辩的审查问题。先用权抗辩制度的目的,是保护善意的在先使用者在原有范围内继续使用其有一定影响的商业标识的利益,是诚实信用原则在商标法领域的重要体现。再审判决有效保护了诚信经营带来的使用权益,是人民法院加强知识产权诉讼诚信体系建设的有益探索。

● *相关案例索引*

制药公司诉科技公司等侵害商标权及不正当竞争纠纷案[最高人民法院(2020)最高法民申5452号民事裁定书]

在涉案商标兼具产品名称和品牌混合属性的情况下,要结合商标权利人、市场上其他主体对商标的使用情况,从商标的识别功能出发,综合判断被诉侵权标识系对产品名称的使用还是对商标的使用,以是否容易造成相关公众混淆误认为标准,判定被诉侵权行为是否构成商标侵权。

第六十条　侵犯注册商标专用权的责任

有本法第五十七条所列侵犯注册商标专用权行为之一，引起纠纷的，由当事人协商解决；不愿协商或者协商不成的，商标注册人或者利害关系人可以向人民法院起诉，也可以请求工商行政管理部门处理。

工商行政管理部门处理时，认定侵权行为成立的，责令立即停止侵权行为，没收、销毁侵权商品和主要用于制造侵权商品、伪造注册商标标识的工具，违法经营额五万元以上的，可以处违法经营额五倍以下的罚款，没有违法经营额或者违法经营额不足五万元的，可以处二十五万元以下的罚款。对五年内实施两次以上商标侵权行为或者有其他严重情节的，应当从重处罚。销售不知道是侵犯注册商标专用权的商品，能证明该商品是自己合法取得并说明提供者的，由工商行政管理部门责令停止销售。

对侵犯商标专用权的赔偿数额的争议，当事人可以请求进行处理的工商行政管理部门调解，也可以依照《中华人民共和国民事诉讼法》向人民法院起诉。经工商行政管理部门调解，当事人未达成协议或者调解书生效后不履行的，当事人可以依照《中华人民共和国民事诉讼法》向人民法院起诉。

● 相关规定

《最高人民法院关于产品侵权案件的受害人能否以产品的商标所有人为被告提起民事诉讼的批复》；《商标侵权判断标准》

第六十一条 对侵犯注册商标专用权的处理

对侵犯注册商标专用权的行为，工商行政管理部门有权依法查处；涉嫌犯罪的，应当及时移送司法机关依法处理。

第六十二条 商标侵权行为的查处

县级以上工商行政管理部门根据已经取得的违法嫌疑证据或者举报，对涉嫌侵犯他人注册商标专用权的行为进行查处时，可以行使下列职权：

（一）询问有关当事人，调查与侵犯他人注册商标专用权有关的情况；

（二）查阅、复制当事人与侵权活动有关的合同、发票、账簿以及其他有关资料；

（三）对当事人涉嫌从事侵犯他人注册商标专用权活动的场所实施现场检查；

（四）检查与侵权活动有关的物品；对有证据证明是侵犯他人注册商标专用权的物品，可以查封或者扣押。

工商行政管理部门依法行使前款规定的职权时，当事人应当予以协助、配合，不得拒绝、阻挠。

在查处商标侵权案件过程中，对商标权属存在争议或者权利人同时向人民法院提起商标侵权诉讼的，工商行政管理部门可以中止案件的查处。中止原因消除后，应当恢复或者终结案件查处程序。

● **相关案例索引**

泵业公司诉泵阀经营部侵害商标权及不正当竞争纠纷案［最高人民法院（2021）最高法民申6419号民事裁定书］

在商标侵权案件中，被诉侵权行为曾经受到行政处罚，虽然行政查处的相关证据能够反映被诉侵权行为存在的事实以及具体的表现形式，但是人民法院仍应结合当事人在侵权案件中的诉讼主张及相关证据，对被诉侵权行为的具体情形及应当承担的侵权责任进行认定。另外，诉讼时效的起算时间尚无证据证明，且被诉侵权人未针对诉讼时效问题提出抗辩的情况下，人民法院不应直接适用《最高人民法院关于审理商标民事纠纷案件适用法律若干问题的解释》第十八条关于诉讼时效的相关规定，认定被诉侵权人无须承担赔偿责任。

第六十三条 侵犯商标专用权的赔偿数额的确定

侵犯商标专用权的赔偿数额，按照权利人因被侵权所受到的实际损失确定；实际损失难以确定的，可以按照侵权人因侵权所获得的利益确定；权利人的损失或者侵权人获得的利益难以确定的，参照该商标许可使用费的倍数合理确定。对恶意侵犯商标专用权，情节严重的，可以在按照上述方法确定数额的一倍以上五倍以下确定赔偿数额。赔偿数额应当包括权利人为制止侵权行为所支付的合理开支。

人民法院为确定赔偿数额，在权利人已经尽力举证，而与侵权行为相关的账簿、资料主要由侵权人掌握的情况下，可以责令侵权人提供与侵权行为相关的账簿、资料；侵权人不提供或者提供虚假的账簿、资料的，人民法院可以参考权利人的主张和提供的证据判定赔偿数额。

权利人因被侵权所受到的实际损失、侵权人因侵权所获得的利益、注册商标许可使用费难以确定的，由人民法院根据侵权行为的情节判决给予五百万元以下的赔偿。

人民法院审理商标纠纷案件，应权利人请求，对属于假冒注册商标的商品，除特殊情况外，责令销毁；对主要用于制造假冒注册商标的商品的材料、工具，责令销毁，且不予补偿；或者在特殊情况下，责令禁止前述材料、工具进入商业渠道，且不予补偿。

假冒注册商标的商品不得在仅去除假冒注册商标后进入商业渠道。

● *条文注释*

为进一步健全惩罚性赔偿制度、提高违法侵权成本和加大知识产权保护力度，《商标法》一方面将恶意侵犯商标专用权的侵权赔偿数额计算倍数由一倍以上三倍以下提高至一倍以上五倍以下，将法定赔偿数额上限从300万元提高至500万元。另一方面，根据本条第4款、第5款，人民法院应权利人请求，可以责令销毁假冒注册商标的商品以及主要用于制造假冒注册商标的商品的材料、工具，或者在特殊情况下，责令禁止前述材料、工具进入商业渠道。假冒注册商标的商品不得在仅去除假冒注册商标后进入商业渠道。上述修改将提高赔偿数额、销毁商品及材料工具、禁入商业渠道作为对申请人侵犯商标专用权的主要处罚措施，有效威慑了知识产权领域范围内的违法犯罪行为。

● 典型案例

1. 法院适用修订后《商标法》的惩罚性赔偿制度保护"某米"驰名商标案（2019 年江苏法院知识产权司法保护十大典型案例①之四）

某米科技公司、某米通讯公司先后成立于 2010 年 3 月、2010 年 8 月。2010 年 4 月，某米科技公司申请注册"某米"商标。2011 年 4 月，"某米"商标被核准注册，核定使用商品包括手提电话、可视电话等。此后还陆续申请注册了"智米"等一系列商标。某米科技公司、某米通讯公司通过"硬件+软件+互联网"的商业模式，在较短的时间内将某米手机打造成互联网品牌手机。自 2010 年以来，先后获得一系列行业内的多项全国性荣誉，各大主流报纸、期刊、网络媒体等均对某米科技公司、某米通讯公司及其某米手机进行持续、广泛的宣传报道。在商业宣传时，某米科技公司、某米通讯公司还使用了经典的宣传语"为发烧而生""做生活中的艺术品"、醒目的橙白配色等方式。

2011 年 11 月，中山奔腾公司申请注册"某米生活"商标，2012 年 10 月初步审定公告。某米科技公司提出异议，2015 年该商标被核准注册，核定使用商品包括电炊具、热水器、电压力锅等。2018 年"某米生活"注册商标被商标评审委员会以系通过不正当手段取得注册为由，裁定宣告无效，2019 年北京知识产权法院作出行政判决，驳回中山奔腾公司的诉讼请求。此外，在中山奔腾公司注册的 90 余件商标中，不仅有在第 7、10、11 等类别的商品上注册的多件与某米科技公司"某米""智米"标识近似的商标，还有"百事可乐 PAPSI-PAPNE""盖乐世""威猛先生""奔腾大地"等与他人知名品牌相同或近似的商标。

---

① 《2019 年江苏法院知识产权司法保护十大典型案例》，载江苏法院网，http://www.jsfy.gov.cn/article/91656.html，2023 年 11 月 5 日访问。

某米科技公司、某米通讯公司提供的数份公证书显示,自 2016 年起,中山奔腾公司、中山独领公司在其制造的电磁炉、电饭煲等被控侵权商品、经营场所、网站、域名、微信公众号等处突出使用"某米生活"标识。京东、淘宝、苏宁易购等电商平台的涉案 23 家店铺销售了被控侵权商品,某米科技公司、某米通讯公司以 23 家店铺中商品的评论数量作为销售量,乘以商品单价,计算出以上店铺销售被控侵权商品的总金额为 76153888.8 元。

某米科技公司、某米通讯公司认为,"某米"商标经过长期广泛使用,在市场上已经属于具有极高知名度和美誉度的驰名商标。中山奔腾公司、中山独领公司等共同实施了侵犯"某米"驰名商标专用权的行为;中山奔腾公司、中山独领公司在产品的宣传和推广中使用与"某米"品牌近似的配色、广告语,构成虚假宣传的不正当竞争行为,故诉至法院,请求判令中山奔腾公司、中山独领公司等停止侵权、消除影响,并连带赔偿其经济损失 5000 万元及合理支出 414198 元。

中山奔腾公司、中山独领公司等辩称:1. 在中山奔腾公司 2011 年 11 月 23 日申请注册"某米生活"前,"某米"商标不具有知名度,不可能达到驰名的程度,不应适用驰名商标的跨类保护。2. 其广告宣传、包装与某米科技公司、某米通讯公司完全不一样,不构成不正当竞争,且从未作虚假宣传。3. 某米科技公司、某米通讯公司要求其连带赔偿损失及合理费用没有事实和法律依据。

一审法院认为:一、涉案第 82282×× 号"某米"商标构成驰名商标。涉案"某米"商标及其某米手机获得公众关注的方式有不同于其他商标和商品的特别之处。某米手机在发布、上市前,允许手机发烧友参与手机系统的开发、提出意见建议,吸引了数量较大的相关公众对其手机保持关注;在其手机发布当天,其手机的搜索量和关注度明显大幅增长，高于其他品牌手机，表明市场及消费者均对其手机持续保持关注，具有一定的影响力；某米科技公司、某米通讯公司采取了集中预订销售的方式，在短时间内将40万台手机投入市场并进入消费者手中。某米手机作为一个全新品牌的手机，在当年8月才向市场发布，并于9月开始接受预订，故不宜以常规性的全年销售数量及市场份额占比衡量其在公众中的知晓程度。"某米"商标注册、某米手机投入市场后，在短时间内所形成的知名度、关注度较高，影响力较大。"某米"商标在获准注册后持续使用至今，某米科技公司、某米通讯公司对该商标及使用该商标的商品的宣传持续时间长、方式多样、费用金额巨大、范围遍及全国，该商标被抢注、被侵权的情形多发，较为严重，商标局、商标评审委员会多次作出不予注册、宣告争议商标无效的决定，法院亦作出认定构成侵权的判决。因此，"某米"商标在中山奔腾公司申请注册"某米生活"商标时已构成驰名商标。中山奔腾公司、中山独领公司、麦某亮的行为侵犯了涉案"某米"注册商标专用权并构成不正当竞争。

二、中山奔腾公司、中山独领公司、麦某亮应承担的民事责任。中山奔腾公司、中山独领公司应当承担停止侵权、消除影响、赔偿损失的责任。麦某亮为中山奔腾公司、中山独领公司的侵权行为提供帮助，应当与两公司承担连带责任。关于赔偿损失及合理开支的数额，某米科技公司、某米通讯公司要求按照侵权人因侵权所获得的利益计算，并考虑驰名商标的显著性和知名度以及侵权时间、范围等因素，对本案恶意侵权行为适用惩罚性赔偿。一审法院认为，中山奔腾公司、中山独领公司的侵权行为具有极为明显的恶意，情节极为恶劣，所造成的后果亦十分严重，应当适用惩罚性赔偿。某米科技公司、某米通讯公司根据23家线上店铺评论数量计算的结果与法院调取的其中两家店铺数据对比可见,以评论数量计算的销售量及销售额并不准确,远低于实际的销售量及销售额。由此可以推断,以上店铺实际销售被控侵权产品的总额超过76153888.8元,即使是只加上该两店铺的销售数据差额,销售总额也达83157636元。国内两大电器上市公司的年度报告显示,小家电行业的毛利率为29.69%～37.01%。中山奔腾公司、中山独领公司也为生产、销售小家电的企业,其规模虽小于上市公司,但其综合成本也应小于上市公司,其利润率应大于上市公司。以该两上市公司小家电毛利率的中间数33.35%作为中山奔腾公司、中山独领公司制造、销售被控侵权产品的利润率较为公平合理,据此计算,其利润为27733071.6元。按照侵权获利数额的二倍计算,数额为55466143.2元,故对某米科技公司、某米通讯公司要求赔偿经济损失5000万元的诉讼请求予以全额支持。某米科技公司、某米通讯公司为制止侵权行为支出律师费、公证费、财产保全保险费及文献检索费等费用共计414198元,有发票为证,且与其诉讼行为及提交的证据相对应,未超过相应标准,亦予以支持。

综上所述,南京市中级人民法院一审判决:中山奔腾公司、中山独领公司、麦某亮停止侵权,赔偿经济损失5000万元及合理开支414198元,中山奔腾公司、中山独领公司在电商平台网站及中山奔腾公司官方网站刊登声明以消除影响。

中山奔腾公司、中山独领公司及麦某亮不服一审判决,提起上诉。

二审法院认为:一、在中山奔腾公司申请注册"某米生活"商标之前,"某米"注册商标已达到驰名状态。二、中山奔腾公司、中山独领公司、麦某亮的涉案行为构成商标侵权。三、中山奔腾公司、中山独领公司涉案行为构成不正当竞争。四、中山奔腾公司、中山独领公司共同实施商标侵权行为,并构成不正当竞争,依法应承担停止侵权、消除影响、赔偿损失的民事责任。在确定具体的惩罚倍数时还需考虑以下事实和相关因素：1.直到二审期间，中山奔腾公司、中山独领公司仍在持续宣传、销售被控侵权商品，具有明显的侵权恶意。2.某米科技公司、某米通讯公司在涉案大部分线上店铺中仅公证购买一款商品，以该款商品评论数计算销售额，并未将店铺中所有侵权商品销售额计算在内。而中山奔腾公司、中山独领公司通过多家电商平台、众多店铺在线上销售，网页展示的侵权商品多种多样，数量多，侵权规模大，这一情节亦应作为确定惩罚数额的考量因素。3.涉案"某米"商标为驰名商标，具有较高的知名度、美誉度和市场影响力。但被控侵权商品"某米生活"Mi001电磁炉、MW-806手持式挂烫机分别于2018年、2019年被上海市市场监督管理局认定为不合格产品。且从涉案店铺商品评价可知，部分用户亦反映被控侵权商品存在一定的质量问题。因此，中山奔腾公司、中山独领公司在被控侵权商品上使用"某米生活"商标，在一定程度上会降低消费者对于"某米"驰名商标的信任，导致该商标所承载的良好声誉受到损害，故对于涉案侵权行为应加大司法惩处力度。基于上述分析，结合二审另查明的事实，二审法院确定以侵权获利额为赔偿基数，按照三倍酌定本案损害赔偿额，对一审判决确定二倍的惩罚倍数标准予以适当调整。根据前述计算方式，销售额为61158213.3元，以33.35%的利润率计算，侵权获利额为20396264.1元，按照三倍计算为61188792.4元，故一审判决对某米科技公司、某米通讯公司主张赔偿5000万元的诉讼请求予以全额支持，并无不当。

综上所述，二审法院判决驳回上诉，维持原判。

本案全面分析、阐述了适用惩罚性赔偿制度的考量因素和计算方法，为惩罚性赔偿制度的适用提供了实践样本。本案针对侵权人在多领域刻意模仿"某米"驰名商标,侵权恶意明显、侵权情节恶劣、侵权数额巨大、侵权后果严重的侵权行为,依法适用惩罚性赔偿方式,在计算被告获利额的基础上,确定了与侵权主观恶意程度、情节恶劣程度、侵权后果严重程度相适应的三倍惩罚幅度,最终全额支持了权利人5000万元及40余万元合理支出的赔偿诉求,体现了严厉打击严重恶意侵权行为,显著提高侵权成本,最严格保护知识产权的价值导向。判决在适用惩罚性赔偿过程中,既考虑到侵权人销售特点,又全面分析了影响惩罚倍数的相关因素,对于适用精细化裁判思维确定赔偿数额以及准确适用惩罚性赔偿方式具有借鉴意义。

2. H氏公司、H氏上海公司与原广州H氏公司等侵害商标权及不正当竞争纠纷案(2021年中国法院10大知识产权案件[①]之六)

H氏公司是"H氏""×××th"等注册商标的权利人,H氏上海公司经许可在中国使用上述商标并进行维权。原广州H氏公司长期大规模生产、销售带有"H氏""×××th""H氏小狮子"标识的母婴洗护产品等商品,并通过抢注、受让等方式在洗护用品等类别上获得"H氏""×××th"等商标,在宣传推广中明示或暗示与H氏公司具有关联关系,并与其他被告以共同经营网上店铺等方式,实施线上线下侵权行为,获利巨大。H氏公司、H氏上海公司以原广州H氏公司等为被告,诉至法院。

一审法院认定侵权成立,判决全额支持了H氏公司、H氏上海公司的诉讼请求。各被告均不服,提起上诉。浙江省高级人民法院二审认为,H氏公司、H氏上海公司明确请求适用惩罚性赔偿,根据在案

[①]《最高人民法院发布2021年中国法院10大知识产权案件和50件典型知识产权案例》,载最高人民法院网,https://www.court.gov.cn/zixun/xiangqing/411732.html,2023年10月20日访问。

证据可证明的原广州H氏公司侵权获利情况，按照赔偿基数的3倍计算，H氏公司、H氏上海公司提出的3000万元的诉讼请求应予全额支持。二审法院当庭宣判驳回上诉，维持原判。

本案是人民法院适用惩罚性赔偿的典型案例。本案通过依法判处惩罚性赔偿，显著提高侵权违法成本，让侵权者得不偿失，让遭受侵权者得到充分救济，让"侵犯知识产权就是盗取他人财产"观念深入人心。

● 相关规定

《最高人民法院关于审理商标民事纠纷案件适用法律若干问题的解释》第13~17条；《最高人民法院关于审理侵害知识产权民事案件适用惩罚性赔偿的解释》

第六十四条 商标侵权纠纷中的免责情形

注册商标专用权人请求赔偿，被控侵权人以注册商标专用权人未使用注册商标提出抗辩的，人民法院可以要求注册商标专用权人提供此前三年内实际使用该注册商标的证据。注册商标专用权人不能证明此前三年内实际使用过该注册商标，也不能证明因侵权行为受到其他损失的，被控侵权人不承担赔偿责任。

销售不知道是侵犯注册商标专用权的商品，能证明该商品是自己合法取得并说明提供者的，不承担赔偿责任。

● 条文注释

本条规定了两种免责情形，一是从专用权人权利瑕疵的角度规定的，二是从销售者无侵权主观故意的角度规定的。

1. 商标专用权人三年内未实际使用注册商标且无其他损失的。

如果注册商标专用权人不能证明此前三年内实际使用过该注册商标，也不能证明因侵权行为受到其他损失的，被控侵权人不承担赔偿责任。

2. 销售者无侵权故意且证明合法取得并说明提供者。

所谓"能证明该商品是自己合法取得"，是指销售者能够提供进货商品的发票、付款凭证以及其他证据，从而证明该商品是通过合法途径取得的。所谓"说明提供者"，是指销售者能够说明进货商品的提供者的姓名或者名称、住所以及其他线索，并且能够查证属实的。

● *相关案例索引*

科技公司诉装饰材料店、五金公司侵害商标权纠纷案 ［最高人民法院（2020）最高法民申 4713 号民事裁定书］

被诉侵权产品的生产者和销售者均构成侵犯商标专用权，在生产者已经承担停止侵权、赔偿损失等责任的情况下，销售者未提出合法来源抗辩或其抗辩理由不成立的，亦需承担赔偿损失的民事责任。

第六十五条　诉前临时保护措施

商标注册人或者利害关系人有证据证明他人正在实施或者即将实施侵犯其注册商标专用权的行为，如不及时制止将会使其合法权益受到难以弥补的损害的，可以依法在起诉前向人民法院申请采取责令停止有关行为和财产保全的措施。

● *条文注释*

所谓"申请人"，是指向人民法院提出申请，请求人民法院依法采取责令停止有关行为和财产保全的措施,以保护其合法权益的主体。申请人有两种:(1)商标注册人。商标注册人是注册商标专用权的权利主体,其商标专用权受到不法侵害时,有权依照本条规定的条件和程序,向人民法院提出申请,请求人民法院依法采取相关措施。(2)利害关系人。利害关系人是商标注册人以外的,与侵犯商标专用权的行为有直接利害关系的其他人。按照《最高人民法院关于审理商标民事纠纷案件适用法律若干问题的解释》的规定,"利害关系人"包括注册商标使用许可合同的被许可人、注册商标财产权利的合法继承人等。

● *相关规定*

《最高人民法院关于人民法院对注册商标权进行财产保全的解释》;《知识产权海关保护条例》第23条

第六十六条　诉前证据保全

为制止侵权行为,在证据可能灭失或者以后难以取得的情况下,商标注册人或者利害关系人可以依法在起诉前向人民法院申请保全证据。

● *条文注释*

根据本条的规定,申请人在诉前申请人民法院保全证据,应当符合以下条件:

一是申请人的范围,必须是"商标注册人"或者"利害关系人"。除此之外的其他人,不得依据本条规定申请人民法院保全证据。

二是申请证据保全的目的是制止侵权行为,即《商标法》规定的7类侵犯注册商标专用权的行为。

三是证据存在灭失等可能的，即申请人申请保全的证据，必须具备"可能灭失"或者"以后难以取得"的情形。所谓"可能灭失"，是指因证据的自然特征、性质，或者因人为因素，使证据有灭失的可能。所谓"以后难以取得"，是指由于客观情况的变化，证据在今后不能取得，或者虽然可以取得但会失去其作用的情形。

商标注册人或者利害关系人在起诉前向人民法院申请保全证据，应当向被保全证据所在地、被申请人住所地或者对案件有管辖权的人民法院提出申请；申请人应当提供担保，不提供担保的，裁定驳回申请。人民法院接受申请后，必须在48小时内作出裁定；裁定采取保全措施的，应当立即开始执行。申请人在人民法院采取保全措施后30日内不依法提起诉讼或者申请仲裁的，人民法院应当解除保全。

● 相关规定

《最高人民法院关于审理商标案件有关管辖和法律适用范围问题的解释》第7条；《最高人民法院关于商标法修改决定施行后商标案件管辖和法律适用问题的解释》

第六十七条　刑事责任

未经商标注册人许可，在同一种商品上使用与其注册商标相同的商标，构成犯罪的，除赔偿被侵权人的损失外，依法追究刑事责任。

伪造、擅自制造他人注册商标标识或者销售伪造、擅自制造的注册商标标识，构成犯罪的，除赔偿被侵权人的损失外，依法追究刑事责任。

销售明知是假冒注册商标的商品，构成犯罪的，除赔偿被侵权人的损失外，依法追究刑事责任。

● *典型案例*

1. 郭明升、郭明锋、孙淑标假冒注册商标案（最高人民法院指导案例87号）

"SAMSUNG"是三星电子株式会社在中国注册的商标，该商标有效期至2021年7月27日；三星（中国）投资有限公司是三星电子株式会社在中国投资设立，并经三星电子株式会社特别授权负责三星电子株式会社名下商标、专利、著作权等知识产权管理和法律事务的公司。2013年11月，被告人郭明升通过网络中介购买店主为"汪亮"、账号为play2011-1985的淘宝店铺，并改名为"三星数码专柜"，在未经三星（中国）投资有限公司授权许可的情况下，从深圳市华强北远望数码城、深圳福田区通天地手机市场批发假冒的三星I8552手机裸机及配件进行组装，并通过"三星数码专柜"在淘宝网上以"正品行货"进行宣传、销售。被告人郭明锋负责该网店的客服工作及客服人员的管理，被告人孙淑标负责假冒的三星I8552手机裸机及配件的进货、包装及联系快递公司发货。至2014年6月，该网店共计组装、销售假冒三星I8552手机20000余部，非法经营额2000余万元，非法获利200余万元。

江苏省宿迁市中级人民法院于2015年9月8日作出（2015）宿中知刑初字第0004号刑事判决，以被告人郭明升犯假冒注册商标罪，判处有期徒刑五年，并处罚金人民币160万元；被告人孙淑标犯假冒注册商标罪，判处有期徒刑三年，缓刑五年，并处罚金人民币20万元；被告人郭明锋犯假冒注册商标罪，判处有期徒刑三年，缓刑四年，并处罚金人民币20万元。宣判后，三被告人均没有提出上诉，该判决已经生效。

法院生效裁判认为，被告人郭明升、郭明锋、孙淑标在未经

"SAMSUNG"商标注册人授权许可的情况下,购进假冒"SAMSUNG"注册商标的手机机头及配件,组装假冒"SAMSUNG"注册商标的手机,并通过网店对外以"正品行货"销售,属于未经注册商标所有人许可在同一种商品上使用与其相同的商标的行为,非法经营数额达2000余万元,非法获利200余万元,属情节特别严重,其行为构成假冒注册商标罪。被告人郭明升、郭明锋、孙淑标虽然辩解称其网店售销记录存在刷信誉的情况,对公诉机关指控的非法经营数额、非法获利提出异议,但三被告人在公安机关的多次供述,以及公安机关查获的送货单、支付宝向被告人郭明锋银行账户付款记录、郭明锋银行账户对外付款记录、"三星数码专柜"淘宝记录、快递公司电脑系统记录、公安机关现场扣押的笔记等证据之间能够互相印证,综合公诉机关提供的证据,可以认定公诉机关关于三被告人共计销售假冒的三星I8552手机20000余部,销售金额2000余万元,非法获利200余万元的指控能够成立,三被告人关于销售记录存在刷信誉行为的辩解无证据予以证实,不予采信。被告人郭明升、郭明锋、孙淑标,系共同犯罪,被告人郭明升起主要作用,是主犯;被告人郭明锋、孙淑标在共同犯罪中起辅助作用,是从犯,依法可以从轻处罚。故依法作出上述判决。

2. 丁某某、林某某等人假冒注册商标立案监督案(最高人民检察院检例第93号)

被告人丁某某,女,1969年9月出生,福建省晋江市个体经营者。

被告人林某某,男,1986年8月出生,福建省晋江市个体经营者。

被告人张某,男,1991年7月出生,河南省光山县个体经营者。

其他被告人基本情况略。

玛氏食品（嘉兴）有限公司（以下简称玛氏公司）是注册于浙江省嘉兴市的一家知名食品生产企业，依法取得"德芙"商标专用权，该注册商标的核定使用商品为巧克力等。2016年8月至12月期间，丁某某等人雇用多人在福建省晋江市某小区民房生产假冒"德芙"巧克力，累计生产2400箱，价值人民币96万元。2017年9月至2018年1月期间，林某某等人雇用多人在福建省晋江市某工业园区厂房生产假冒"德芙"巧克力，累计生产1392箱，价值人民币55.68万元。2016年下半年至2017年年底，张某等人购进上述部分假冒"德芙"巧克力，通过注册的网店向社会公开销售。

线索发现。2018年1月23日，嘉兴市公安局接玛氏公司报案，称有网店销售假冒其公司生产的"德芙"巧克力，该局指定南湖公安分局立案侦查。2018年4月6日，南湖公安分局以涉嫌销售伪劣产品罪提请南湖区人民检察院审查批准逮捕网店经营者张某等人，南湖区人民检察院进行审查后，作出批准逮捕决定。在审查批准逮捕过程中，南湖区人民检察院发现，公安机关只对销售假冒"德芙"巧克力的行为进行立案侦查，而没有继续追查假冒"德芙"巧克力的供货渠道、生产源头，可能存在对制假犯罪应当立案侦查而未立案侦查的情况。

调查核实。南湖区人民检察院根据犯罪嫌疑人张某等人关于进货渠道的供述，调阅、梳理公安机关提取的相关微信聊天记录、网络交易记录、账户资金流水等电子数据，并主动联系被害单位玛氏公司，深入了解"德芙"商标的注册、许可使用情况、产品生产工艺流程、成分配料、质量标准等。经调查核实发现，本案中的制假行为涉嫌生产销售伪劣产品、侵犯知识产权等犯罪。

监督意见。经与公安机关沟通，南湖公安分局认为，本案的造假窝点位于福建省晋江市，销售下家散布于福建、浙江等地，案件涉及多个侵权行为实施地，制假犯罪不属本地管辖。南湖区人民检察院认为，本案是注册地位于嘉兴市的玛氏公司最先报案，且有南湖区消费者网购收到假冒"德芙"巧克力的证据，无论是根据最初受理地、侵权结果发生地管辖原则，还是基于制假售假行为的关联案件管辖原则，南湖公安分局对本案中的制假犯罪均具有管辖权。鉴于此，2018年5月15日，南湖区人民检察院向南湖公安分局发出《要求说明不立案理由通知书》。

监督结果。南湖公安分局收到《要求说明不立案理由通知书》后，审查认为该案现有事实证据符合立案条件，决定以涉嫌生产、销售伪劣产品罪对丁某某、林某某等人立案侦查，其后陆续将犯罪嫌疑人抓获归案，并一举捣毁位于福建省晋江市的造假窝点。南湖公安分局侦查终结，以丁某某、林某某、张某等人涉嫌生产、销售伪劣产品罪移送起诉。南湖区人民检察院经委托食品检验机构进行检验后，不能认定本案中的假冒"德芙"巧克力为伪劣产品和有毒有害食品，但丁某某、林某某等人未经注册商标所有人许可，在生产的巧克力上使用"德芙"商标，应当按假冒注册商标罪起诉，张某等人通过网络公开销售假冒"德芙"巧克力，应当按销售假冒注册商标的商品罪起诉。2019年1月14日，南湖区人民检察院以被告人丁某某、林某某等人犯假冒注册商标罪，被告人张某等人犯销售假冒注册商标的商品罪，向南湖区人民法院提起公诉。2019年11月1日，南湖区人民法院以假冒注册商标罪判处丁某某、林某某等7人有期徒刑一年二个月至四年二个月，并处罚金；以销售假冒注册商标的商品罪判处张某等4人有期徒刑一年至三年四个月，并处罚金。一审宣判后，被告人均未提出上诉，判决已生效。

3. 邓秋城、双善食品（厦门）有限公司等销售假冒注册商标的商品案（最高人民检察院检例第 98 号）

被告人邓秋城，男，1981 年生，广州市百益食品贸易有限公司（以下简称百益公司）负责人。

被告单位双善食品（厦门）有限公司（以下简称双善公司），住所地福建省厦门市。

被告人陈新文，男，1981 年生，双善公司实际控制人。

被告人甄连连，女，1984 年生，双善公司法定代表人。

被告人张泗泉，男，1984 年生，双善公司销售员。

被告人甄政，男，1986 年生，双善公司发货员。

2017 年 5 月至 2019 年 1 月初，被告人邓秋城明知从香港购入的速溶咖啡为假冒"星巴克""STARBUCKS VIA"等注册商标的商品，仍伙同张晓建（在逃）以每件人民币 180 元这一明显低于市场价（正品每件 800 元，每件 20 盒，每盒 4 条）的价格，将 21304 件假冒速溶咖啡（每件 20 盒，每盒 5 条，下同）销售给被告单位双善公司，销售金额 383 万余元。被告人邓秋城、陈新文明知百益公司没有"星巴克"公司授权，为便于假冒咖啡销往商业超市，伪造了百益公司许可双善公司销售"星巴克"咖啡的授权文书。2017 年 12 月至 2019 年 1 月初，被告人陈新文、甄连连、张泗泉、甄政以双善公司名义从邓秋城处购入假冒"星巴克"速溶咖啡后，使用伪造的授权文书，以双善公司名义将 19264 件假冒"星巴克"速溶咖啡销售给无锡、杭州、汕头、乌鲁木齐等全国 18 个省份 50 余家商户，销售金额共计 724 万余元。

案发后，公安机关在百益公司仓库内查获待售假冒"星巴克"速溶咖啡 6480 余件，按实际销售价格每件 180 元计算，价值 116 万余元；在被告单位双善公司仓库内查获假冒"星巴克"速溶咖啡2040件，由于双善公司向不同销售商销售的价格不同，对于尚未销售的假冒商品的货值金额以每件340元的最低销售价格计算，价值69万余元。

审查起诉。2019年4月1日，江苏省无锡市公安局新吴分局（以下简称新吴分局）以犯罪单位双善公司、被告人陈新文、甄连连、甄政涉嫌销售假冒注册商标的商品罪向江苏省无锡市新吴区人民检察院（以下简称新吴区检察院）移送起诉。同年8月22日，新吴分局以被告人邓秋城涉嫌假冒注册商标罪、销售假冒注册商标的商品罪移送起诉。新吴区检察院并案审查，重点开展以下工作：

一是准确认定罪名及犯罪主体。涉案咖啡系假冒注册商标的商品，是否属于有毒有害或不符合安全标准的食品，将影响案件定性，但在案证据没有关于假冒咖啡是否含有有毒有害成分、是否符合安全标准及咖啡质量的鉴定意见。鉴于该部分事实不清，检察机关要求公安机关对照《食品安全国家标准 饮料》（GB7101-2015）等的规定，对扣押在案的多批次咖啡分别抽样鉴定。经鉴定，涉案咖啡符合我国食品安全标准，不构成生产、销售有毒、有害食品罪等罪名。公安机关基于被告人邓秋城销售假冒咖啡的行为，认定其涉嫌构成销售假冒注册商标的商品罪；基于在百益公司仓库内查获的假冒咖啡的制作和灌装工具，认为邓秋城亦实施了生产、制造假冒咖啡的行为，认定其同时构成假冒注册商标罪，故以涉嫌两罪移送起诉。检察机关经审查认为，现场仅有咖啡制作和罐装工具，无其他证据，且同案犯未到案，证明邓秋城实施制造假冒咖啡行为的证据不足，在案证据只能证实邓秋城将涉案假冒咖啡销售给犯罪单位双善公司，故改变邓秋城行为的定性，只认定销售假冒注册商标的商品罪一罪。检察机关还依职权对百益公司是否构成单位犯罪、是否需要追加起诉进行了审查，认定百益公司系邓秋城等为经营假冒咖啡于2018年4月专门设立。根据《最高人民法院关于审理单位犯罪案件具体应用法律有关问题的解释》第二条的规定，个人为进行违法犯罪活动而设立的公司、企业、事业单位实施犯罪的，不以单位犯罪论处，故对百益公司的行为不应认定为单位犯罪。

二是追加认定犯罪数额。检察机关从销售单和买家证言等证据材料中发现，除公安机关移送起诉的被告人邓秋城销售金额121万元、犯罪单位双善公司销售金额324万元的事实外，邓秋城、双善公司还另有向其他客户销售大量假冒咖啡的行为。检察机关就百益公司、双善公司收取、使用货款的交易明细、公司员工聊天记录等证据退回公安机关补充侦查，公安机关补充调取了百益公司与双善公司以及邓秋城与被告人甄连连个人账户之间合计600万余元的转账记录、双善公司员工工作微信内涉案咖啡发货单照片120余份后，检察机关全面梳理核对销售单、快递单、汇款记录等证据，对邓秋城销售金额补充认定了172万余元，对双善公司销售金额补充认定了400万余元。

三是综合判断被告人主观上是否明知是假冒注册商标的商品。被告人邓秋城、陈新文、甄连连处于售假上游，有伪造并使用虚假授权文书、以明显低于市场价格进行交易的行为，应认定三人具有主观明知。在侦查阶段初期，被告人甄政否认自己明知涉案咖啡系假冒注册商标的商品，公安机关根据其他被告人供述、证人证言等证据，证实其采用夜间收发货、隐蔽包装运输等异常交易方式，认定其对售假行为具有主观明知。后甄政供认了自己的罪行，并表示愿意认罪认罚。经补充侦查，公安机关结合销售商证言，查明被告人张泗泉明知涉案咖啡被超市认定为假货被下架、退货，但仍继续销售涉案咖啡，金额达364万余元，可认定张泗泉具有主观明知。鉴于公安机关未将张泗泉一并移送，检察机关遂书面通知对张泗泉补充移送起诉。

四是综合考量量刑情节，提出量刑建议。针对销售假冒注册商标的商品罪的特点，在根据销售金额确定基准刑的前提下，充分考虑各被告人所处售假环节、假冒产品类别、销售数量、扩散范围等各项情节，在辩护人或值班律师的见证下，5名被告人均自愿认罪认罚，认可检察机关指控的全部犯罪事实和罪名，接受检察机关提出的有期徒刑一年九个月至五年不等，罚金10万元至300万元不等的量刑建议。2019年9月26日，新吴区检察院以被告人邓秋城、被告单位双善公司及陈新文、甄连连、张泗泉、甄政构成销售假冒注册商标的商品罪向江苏省无锡市新吴区人民法院（以下简称新吴区法院）提起公诉。

指控与证明犯罪。2019年11月7日，新吴区法院依法公开开庭审理本案。庭审过程中，部分辩护人提出以下辩护意见：1. 商品已销售，但仅收到部分货款，货款未收到的部分事实应当认定为犯罪未遂；2. 被告人邓秋城获利较少，且涉案重大事项均由未到案的同案犯决定，制假售假源头均来自未到案同案犯，其在全案中作用较小，在共同犯罪中起次要作用，系从犯。公诉人答辩如下：第一，根据被告单位双善公司内部销售流程，销售员已向被告人甄连连发送销售确认单，表明相关假冒商品已发至客户，销售行为已经完成，应认定为犯罪既遂，是否收到货款不影响犯罪既遂的认定。第二，邓秋城处于整个售假环节上游，在全案中地位作用突出，不应认定为从犯。首先，邓秋城实施了从香港进货、骗取报关单据、出具虚假授权书、与下家双善公司签订购销合同、收账走账等关键行为；其次，邓秋城销售金额低于双善公司，是因为其处于售假产业链的上游环节，销售单价低于下游经销商所致，但其销售数量高于双善公司。正是由于邓秋城实施伪造授权文书、提供进口报关单等行为，导致假冒咖啡得以进入大型商业超市，销售范围遍布全国，受害消费者数量众多，被侵权商标知名度高，媒体高度关注。合议庭对公诉意见和量刑建议予以采纳。

处理结果。2019年12月6日，新吴区法院作出一审判决，以销售假冒注册商标的商品罪判处被告单位双善公司罚金320万元；分别判处被告人邓秋城、陈新文等五人有期徒刑一年九个月至五年不等，对被告人张泗泉、甄政适用缓刑，并对邓秋城等五人各处罚金10万元至300万元不等。判决宣告后，被告单位和被告人均未提出上诉，判决已生效。

鉴于此案侵害众多消费者合法权益，损害社会公共利益，新吴区检察院提出检察建议，建议江苏省消费者权益保护委员会（以下简称江苏消保委）对双善公司提起消费民事公益诉讼。江苏消保委依法向江苏省无锡市中级人民法院（以下简称无锡中院）提起侵害消费者权益民事公益诉讼，主张涉案金额三倍的惩罚性赔偿。无锡中院于2020年9月18日立案受理。

4. 广州卡门实业有限公司涉嫌销售假冒注册商标的商品立案监督案（最高人民检察院检例第99号）

申请人广州卡门实业有限公司（以下简称卡门公司），住所地广东省广州市。

2013年3月，卡门公司开始在服装上使用"KM"商标。2014年10月30日，卡门公司向原国家工商行政管理总局商标局（以下简称商标局）申请注册该商标在服装、帽子等商品上使用，商标局以该商标与在先注册的商标近似为由，驳回申请。2016年6月14日，卡门公司再次申请在服装、帽子等商品上注册"KM"商标，2017年2月14日，商标局以该商标与在先注册的商标近似为由，仅核准"KM"

商标在睡眠用眼罩类别上使用，但卡门公司继续在服装上使用"KM"商标。其间，卡门公司逐渐发展为在全国拥有门店近600家、员工10000余名的企业。

2015年11月20日，北京锦衣堂企业文化发展有限公司（以下简称锦衣堂公司）申请在服装等商品上注册"KM"商标，商标局以该商标与在先注册的商标近似为由，驳回申请。2016年11月22日，锦衣堂公司再次申请在服装等商品上使用"KM"商标。因在先注册的近似商标被撤销，商标局于2018年1月7日核准该申请。后锦衣堂公司授权北京京津联行房地产经纪有限公司（以下简称京津联行公司）使用该商标。2018年1月，京津联行公司授权周某经营的服装专卖店使用"KM"商标。2018年5月，京津联行公司向全国多地市场监管部门举报卡门公司在服装上使用"KM"商标，并以卡门公司涉嫌销售假冒注册商标的商品罪向广东省佛山市公安局南海分局（以下简称南海分局）报案。南海分局于同年5月31日立案，并随后扣押卡门公司物流仓库中约9万件标记"KM"商标的服装。

受理立案监督。2018年5月31日，南海分局以卡门公司涉嫌销售假冒注册商标的商品罪立案侦查。6月8日，卡门公司不服公安机关立案决定，向广东省佛山市南海区人民检察院（以下简称南海区检察院）申请监督撤案。南海区检察院依法启动立案监督程序。

调查核实。南海区检察院向公安机关发出《要求说明立案理由通知书》。公安机关在《立案理由说明书》中认为，卡门公司未取得"KM"商标服装类别的商标权，且未经"KM"商标所有人锦衣堂公司许可，在服装上使用"KM"商标，情节严重，涉嫌犯罪，故立案侦查。经南海区检察院审查发现，公安机关认定卡门公司涉嫌销售假冒注册商标的商品罪存在以下问题：一是欠缺卡门公司申请过"KM"

商标的相关证据；二是卡门公司与锦衣堂公司申请"KM"商标的先后时间不清晰；三是欠缺卡门公司"KM"商标的使用情况、销售金额、销售规模等证据。

针对上述问题，南海区检察院进行了调查核实：一是调取卡门公司申请商标注册的材料、"KM"商标使用情况、服装生产、销售业绩表、对外宣传材料及京津联行公司委托生产、销售"KM"服装数量和规模等证据，查明卡门公司两次申请注册"KM"商标的时间均早于锦衣堂公司，卡门公司自成立时已使用并一直沿用"KM"商标，且卡门公司在全国拥有多家门店，具有一定规模和影响力。二是主动联系佛山市南海区市场监督局、广州市工商行政管理局，了解卡门公司"KM"服装被行政扣押后又解除扣押的原因，查明广东省工商行政管理局认定卡门公司"KM"商标使用行为属于在先使用。三是两次召开听证会，邀请公安机关、行政执法部门人员及卡门公司代理律师参加听证，并听取了京津联行公司的意见，充分了解公安机关立案、扣押财物及涉案企业对立案所持异议的理由及依据，并征求行政执法部门意见。四是咨询法律专家，详细了解近似商标的判断标准、在先使用抗辩等。

监督意见。南海区检察院经审查认为，公安机关刑事立案的理由不能成立。一是卡门公司存在在先使用的事实。卡门公司在锦衣堂公司取得"KM"商标之前，已经长期使用"KM"商标。二是卡门公司主观上没有犯罪故意。卡门公司在生产、销售服装期间，一直沿用该商标，从未对外宣称是锦衣堂公司或京津联行公司产品，且卡门公司经营的"KM"服装品牌影响力远大于上述两家公司，并无假冒他人注册商标的故意。卡门公司生产、销售"KM"服装的行为不构成销售假冒注册商标的商品罪，公安机关立案错误，应予纠正。

处理结果。2018年8月3日,南海区检察院发出《通知撤销案件书》。同年8月10日,南海分局撤销案件,并发还扣押货物。卡门公司及时出售货物,避免了上千万元经济损失。

5. 姚常龙等五人假冒注册商标案(最高人民检察院检例第101号)

被告人姚常龙,男,1983年生,日照市东港区万能国际贸易有限公司(以下简称万能国际公司)法定代表人。

被告人古进,男,1989年生,万能国际公司采购员。

被告人魏子皓,男,1990年生,万能国际公司销售组长。

被告人张超,男,1990年生,万能国际公司销售组长。

被告人庄乾星,女,1989年生,万能国际公司销售组长。

2015年至2019年4月,被告人姚常龙安排被告人古进购进打印机、标签纸、光纤模块等材料,伪造"CISCO""HP""HUAWEI"光纤模块等商品,并安排被告人魏子皓、张超、庄乾星向境外销售。姚常龙、古进共生产、销售假冒上述注册商标的光纤模块10万余件,销售金额共计人民币3162万余元;现场扣押假冒光纤模块、交换机等11975件,价值383万余元;姚常龙、古进的违法所得数额分别为400万元、24万余元。魏子皓、张超、庄乾星销售金额分别为745万余元、429万余元、352万余元;违法所得数额分别为20万元、18.5万元和14万元。

审查逮捕。2019年4月,山东省日照市公安局(以下简称日照市公安局)接到惠普公司报案后立案侦查。同年5月24日,山东省日照市人民检察院(以下简称日照市检察院)以涉嫌假冒注册商标罪对被告人姚常龙、古进批准逮捕;对被告人魏子皓、张超、庄乾星因无法证实犯罪故意和犯罪数额不批准逮捕,同时要求公安机关调取国外买方证言及相关书证,以查明魏子皓、张超、庄乾星是否具有共同犯罪故意及各自的犯罪数额。

审查起诉。2019年7月19日，日照市公安局补充证据后以被告人姚常龙、古进涉嫌假冒注册商标罪，被告人魏子皓、张超、庄乾星涉嫌销售假冒注册商标的商品罪，移送日照市检察院起诉。同年7月23日，日照市检察院将该案交由山东省日照市东港区人民检察院（以下简称东港区检察院）办理。

东港区检察院在审查起诉期间要求公安机关补充完善了以下证据：一是调取被告人姚常龙等5人之间的QQ聊天记录、往来电子邮件等电子数据，证实庄乾星、张超、魏子皓主观上明知销售的商品系姚常龙、古进假冒注册商标的商品，仍根据姚常龙的安排予以销售，构成无事前通谋的共同犯罪。二是调取电子合同、发货通知、订单等电子数据，结合扣押在案的销售台账及被告人供述、证人证言等证据，证实本案各被告人在共同犯罪中所起的作用大小。三是调取涉案商标的商标注册证、核准商标转让、续展注册证明等书证，证实涉案商标系在我国注册，且在有效期内。经对上述证据进行审查，东港区检察院认为，现有证据能够证实被告人庄乾星、张超、魏子皓三人在加入万能国际公司担任销售人员后，曾对公司产品的价格与正品进行对比，且收悉产品质量差的客户反馈意见，在售假过程中发现是由古进负责对问题产品更换序列号并换货等，上述证据足以证实庄乾星、张超、魏子皓三人对其销售的光纤模块系姚常龙、古进贴牌制作的假冒注册商标的商品具有主观明知。故认定该三人构成假冒注册商标罪，与姚常龙、古进构成共同犯罪。检察机关还依法对万能国际公司是否构成单位犯罪进行了审查，认定万能国际公司自2014年成立后截至案发，并未开展其他业务，实际以实施犯罪活动为主，相关犯罪收益也均未归属于万能国际公司。根据《最高人民法院关于审理单位犯罪案件具体应用法律有关问题的解释》第二条的规定，公司、企业、事业单位设立后，以实施犯罪为主要活动的,不以单位犯罪论处,故不构成单位犯罪。

2019年9月6日,东港区检察院变更公安机关移送起诉的罪名,以被告人姚常龙、古进、庄乾星、张超、魏子皓均构成假冒注册商标罪向山东省日照市东港区人民法院(以下简称东港区法院)提起公诉。

指控与证明犯罪。2019年10月10日,东港区法院依法公开开庭审理本案。庭审过程中,部分辩护人提出以下辩护意见:1.被告人庄乾星、张超、魏子皓与被告人姚常龙不构成共同犯罪;2.本案商品均销往境外,社会危害性较小。公诉人答辩如下:第一,庄乾星、张超、魏子皓明知自己销售的假冒注册商标的商品系姚常龙、古进贴牌生产仍继续销售,具有假冒注册商标的主观故意,构成假冒注册商标的共同犯罪。第二,本案中涉案商品均销往境外,但是被侵权商标均在我国注册登记,假冒注册商标犯罪行为发生在我国境内,无论涉案商品是否销往境外均对注册商标所有人合法权益造成侵害。合议庭对公诉意见予以采纳。

处理结果。2019年12月12日,东港区法院作出一审判决,以假冒注册商标罪分别判处被告人姚常龙、古进、庄乾星、张超、魏子皓有期徒刑二年二个月至四年不等,对古进、庄乾星、张超、魏子皓适用缓刑。同时对姚常龙判处罚金500万元,对古进等四人各处罚金14万元至25万元不等。一审判决后,上述被告人均未上诉,判决已生效。

6. 洪某设等五十八人销售假冒注册商标的商品案(最高检发布检察机关知识产权保护典型案例[①]之六)

洪某设伙同他人组建网络销假犯罪团伙,在福建省晋江市、石狮

[①] 《最高检发布检察机关知识产权保护典型案例》,载最高人民检察院网,https://www.spp.gov.cn/spp/xwfbh/wsfbh/202304/t20230426_612529.shtml,2023年10月20日访问。

市设立主播部（下设包袋组、配饰组等带货小组，负责在电商平台直播销售商品）、客服部（负责在主播推销过程中上架商品链接）、仓管部（负责统筹商品的寄递换退服务）、美工部（负责网店美化宣传）等部门，大量招募工作人员。

2019年5月至2020年8月，洪某设从王某连、唐某等人处低价购进假冒"LV""DIOR"等注册商标的包、墨镜、手表等商品，通过其在电商平台开设的多个直播间进行销售。其间，洪某设要求主播通过串访直播间、为其他主播"引流"等手段，实现维持直播热度、提高销量的效果。经查证，洪某设团伙在上述时间段内的销售金额共计人民币1400余万元。

2020年9月，公安机关在福建、广东等地，相继抓获洪某设团伙及供货商王某连、唐某等人，在洪某设的仓库内查获各类假冒注册商标的商品506件，货值金额人民币50余万元。

2020年6月，上海市公安局长宁分局对本案立案侦查，此后相继对洪某设等24人提请批准逮捕。上海市长宁区人民检察院（以下简称长宁区检察院）准确把握逮捕条件，对洪某设等19人批准逮捕，对证据存疑以及犯罪情节较轻、认罪态度较好的5人不批准逮捕。坚持全链条打击，共追捕追诉到案30余人。

检察机关履职情况。审查起诉阶段，长宁区检察院重点开展以下工作：一是准确认定犯罪数额。本案查获物品种类繁多，尤其是带有各品牌注册商标的包，其中多数无法在正品中找到对应的款式和型号，公安机关提供的第一份司法审计报告仅对与正品款式相同的商品进行审计，计算出的销售金额低于洪某设相应的进货费用，明显不合常理。长宁区检察院全面审查证据材料，认为假冒注册商标的商品并不要求假冒商品与正品款式完全一致，向公安机关提出补充审计意见，最终本案认定的销售金额增加1000余万元。二是在认定共同犯罪的基础上，精准区分不同人员罪责。审查过程中，多名主播辩解其仅在包袋组或配饰组任职，不应对别组犯罪金额负责。检察机关经审查认为，该团伙通过面试招录、打卡考勤等相关制度对团伙成员进行管理，各主播之间普遍存在频繁串访直播间、相互"引流"的情形，实质上对整个团伙的犯罪活动起到帮助作用，应当认定为共同犯罪。同时，根据各行为人在团伙中的分工层级、贡献程度等，依法认定团伙负责人以及部门管理人员为主犯，对其余参与程度较低的人员认定为从犯，确保罚当其罪。三是积极开展追赃挽损。检察机关督促在案人员积极退赔违法所得，共计追赃挽损人民币200余万元。结合各行为人的认罪悔罪表现和退赃情况，视情在捕后侦查、审查起诉、法院审判等阶段对18人变更或建议变更强制措施，并在提起公诉时提出差异化量刑建议。

2021年4月至2022年4月间，长宁区检察院以销售假冒注册商标的商品罪，先后对洪某设等39人向上海市徐汇区人民法院（系当时上海知识产权案件集中管辖法院）提起公诉；对犯罪情节轻微、自愿认罪认罚并退出违法所得、被认定为从犯的林某琼等19人依法作出不起诉决定。法院采纳检察机关指控事实和量刑建议，以销售假冒注册商标的商品罪对被告人洪某设判处有期徒刑五年，并处罚金人民币七百万元；对其余团伙成员及上游供货商共38人分别判处有期徒刑六个月至三年六个月不等，部分适用缓刑，均并处罚金。各被告人均未提出上诉，判决已生效。

（一）准确把握网络直播销假案件特征，全链条打击犯罪行为。相较于传统销假犯罪案件，利用网络直播的形式销售假冒注册商标的商品案件有其自身特点，在证据的收集与审查方面要求更高，在侵权商品的认定、共同犯罪的判断、犯罪数额的计算等方面存在难点。本案中，检察机关结合犯罪团伙在管理上的公司化特征，紧扣犯罪方法中的"引流"特点，依法认定涉案人员构成共同犯罪，准确认定犯罪数额。针对网络销假的链条化特征，对公安机关侦查取证提出建议，及时纠正漏捕漏诉，依法追究供货商等相关涉案人员的刑事责任，实现全链条打击。

（二）贯彻宽严相济的刑事政策，确保复杂共同犯罪案件处理罪责刑相适应。对于涉案人员众多、分工细致、层级明确的网络销假团伙，检察机关充分考虑团伙成员的参与程度、犯罪行为、违法所得等因素，准确评价各行为人的刑事责任。依法将团伙负责人以及从事组织、管理等重要岗位工作的人员认定为主犯，从严惩处，将参与程度较低、作用较小、获利较少的人员认定为从犯，对犯罪情节轻微、自愿认罪认罚、积极退出违法所得的人员依法适用不起诉，实现对各团伙成员处理的罪责刑相适应。

7. 罗某洲、马某华等八人假冒注册商标罪案（2022年中国法院十大知识产权案件[①]之十）

涉案商标的商标权人为某公司，核定使用商品包括耳机等。被告人罗某洲、马某华等生产假冒某公司注册商标的蓝牙耳机对外销售牟利。涉案蓝牙耳机及包装无论是否印有某公司注册商标，经蓝牙连接某公司手机后均弹窗显示涉案商标。

广东省深圳市龙岗区人民法院一审认为，被告人均构成假冒注册商标罪，分别判处被告人罗某洲等人有期徒刑二年至六年及罚金。一审宣判后，部分被告人提起上诉。广东省深圳市中级人民法院二审另

[①] 《最高人民法院发布2022年中国法院十大知识产权案件和50件典型知识产权案例》，载最高人民法院网，https：//www.court.gov.cn/zixun/xiangqing/397162.html，2023年10月20日访问。

查明，本案已销售侵权耳机金额应调整认定为22106296.08元。二审法院认为，假冒注册商标犯罪中"使用"不限于将商标用于商品、商品包装或者容器等有形载体中，只要是在商业活动中用于识别商品来源的行为，就属于商标性使用。蓝牙耳机的消费者通过蓝牙配对寻找设备，对蓝牙耳机产品来源的识别主要通过设备查找正确的配对项实现蓝牙耳机功能。被告人生产的侵权蓝牙耳机连接手机终端配对激活过程中，在某公司手机弹窗向消费者展示涉案商标，使消费者误认为其使用的产品是某公司制造，造成对产品来源的混淆和误认，构成假冒注册商标罪。二审法院裁定驳回上诉，维持原判。

本案是数字经济环境下利用物联网技术实施新形态商标犯罪的典型案例。本案裁判把握商标犯罪行为的实质，正确界定商标使用行为，有力打击了利用新技术侵犯知识产权犯罪。

● *相关案例索引*

健康产品公司诉刘某、谢某华侵害商标权纠纷案［最高人民法院（2020）最高法民再342号民事判决书］

在侵害商标权纠纷案件中，当事人提交的刑事诉讼程序中形成的证据，人民法院应当依照法定程序，全面、客观地予以审核。涉及同一侵权事实的刑事判决认定构成销售假冒注册商标的商品犯罪未遂，并不能当然作为侵害商标权纠纷民事案件中被诉侵权商品未实际销售的直接依据。

● *相关规定*

《刑法》第213~215条；《最高人民法院、最高人民检察院关于办理侵犯知识产权刑事案件具体应用法律若干问题的解释》第1~3条、第8~9条、第12~13条、第15~16条；《最高人民法院、最高人民检察院关于办理侵犯知识产权刑事案件具体应用法律若干问题的解释（二）》

第3~6条；《最高人民法院、最高人民检察院关于办理侵犯知识产权刑事案件具体应用法律若干问题的解释（三）》第1条、第7~10条

第六十八条　商标代理机构的法律责任

商标代理机构有下列行为之一的，由工商行政管理部门责令限期改正，给予警告，处一万元以上十万元以下的罚款；对直接负责的主管人员和其他直接责任人员给予警告，处五千元以上五万元以下的罚款；构成犯罪的，依法追究刑事责任：

（一）办理商标事宜过程中，伪造、变造或者使用伪造、变造的法律文件、印章、签名的；

（二）以诋毁其他商标代理机构等手段招徕商标代理业务或者以其他不正当手段扰乱商标代理市场秩序的；

（三）违反本法第四条、第十九条第三款和第四款规定的。

商标代理机构有前款规定行为的，由工商行政管理部门记入信用档案；情节严重的，商标局、商标评审委员会并可以决定停止受理其办理商标代理业务，予以公告。

商标代理机构违反诚实信用原则，侵害委托人合法利益的，应当依法承担民事责任，并由商标代理行业组织按照章程规定予以惩戒。

对恶意申请商标注册的，根据情节给予警告、罚款等行政处罚；对恶意提起商标诉讼的，由人民法院依法给予处罚。

● 条文注释

本条第4款对商标代理机构的恶意申请商标注册、恶意提起商标诉讼的行为规定了处罚措施。此处规定有利于规范商标代理行为，维

护商标代理市场秩序和市场经济秩序。

第六十九条　商标监管机构及其人员的行为要求

从事商标注册、管理和复审工作的国家机关工作人员必须秉公执法，廉洁自律，忠于职守，文明服务。

商标局、商标评审委员会以及从事商标注册、管理和复审工作的国家机关工作人员不得从事商标代理业务和商品生产经营活动。

第七十条　工商行政管理部门的内部监督

工商行政管理部门应当建立健全内部监督制度，对负责商标注册、管理和复审工作的国家机关工作人员执行法律、行政法规和遵守纪律的情况，进行监督检查。

第七十一条　相关工作人员的法律责任

从事商标注册、管理和复审工作的国家机关工作人员玩忽职守、滥用职权、徇私舞弊，违法办理商标注册、管理和复审事项，收受当事人财物，牟取不正当利益，构成犯罪的，依法追究刑事责任；尚不构成犯罪的，依法给予处分。

第八章　附　　则

第七十二条　商标规费

申请商标注册和办理其他商标事宜的，应当缴纳费用，具体收费标准另定。

第七十三条　时间效力

本法自 1983 年 3 月 1 日起施行。1963 年 4 月 10 日国务院公布的《商标管理条例》同时废止；其他有关商标管理的规定，凡与本法抵触的，同时失效。

本法施行前已经注册的商标继续有效。

附 录

最高人民法院关于审理侵害知识产权民事案件适用惩罚性赔偿的解释

（2021年2月7日最高人民法院审判委员会第1831次会议通过　2021年3月2日最高人民法院公告公布　自2021年3月3日起施行　法释〔2021〕4号）

为正确实施知识产权惩罚性赔偿制度，依法惩处严重侵害知识产权行为，全面加强知识产权保护，根据《中华人民共和国民法典》《中华人民共和国著作权法》《中华人民共和国商标法》《中华人民共和国专利法》《中华人民共和国反不正当竞争法》《中华人民共和国种子法》《中华人民共和国民事诉讼法》等有关法律规定，结合审判实践，制定本解释。

第一条　原告主张被告故意侵害其依法享有的知识产权且情节严重，请求判令被告承担惩罚性赔偿责任的，人民法院应当依法审查处理。

本解释所称故意，包括商标法第六十三条第一款和反不正当竞争法第十七条第三款规定的恶意。

第二条　原告请求惩罚性赔偿的，应当在起诉时明确赔偿数额、计算方式以及所依据的事实和理由。

原告在一审法庭辩论终结前增加惩罚性赔偿请求的，人民法院应当准许；在二审中增加惩罚性赔偿请求的，人民法院可以根据当事人自愿的原则进行调解，调解不成的，告知当事人另行起诉。

第三条　对于侵害知识产权的故意的认定，人民法院应当综合考虑被侵害知识产权客体类型、权利状态和相关产品知名度、被告与原告或者利害关系人之间的关系等因素。

对于下列情形，人民法院可以初步认定被告具有侵害知识产权的故意：

（一）被告经原告或者利害关系人通知、警告后，仍继续实施侵权行为的；

（二）被告或其法定代表人、管理人是原告或者利害关系人的法定代表人、管理人、实际控制人的；

（三）被告与原告或者利害关系人之间存在劳动、劳务、合作、许可、经销、代理、代表等关系，且接触过被侵害的知识产权的；

（四）被告与原告或者利害关系人之间有业务往来或者为达成合同等进行过磋商，且接触过被侵害的知识产权的；

（五）被告实施盗版、假冒注册商标行为的；

（六）其他可以认定为故意的情形。

第四条　对于侵害知识产权情节严重的认定，人民法院应当综合考虑侵权手段、次数，侵权行为的持续时间、地域范围、规模、后果，侵权人在诉讼中的行为等因素。

被告有下列情形的，人民法院可以认定为情节严重：

（一）因侵权被行政处罚或者法院裁判承担责任后，再次实施相同或者类似侵权行为；

（二）以侵害知识产权为业；

（三）伪造、毁坏或者隐匿侵权证据；

（四）拒不履行保全裁定；

（五）侵权获利或者权利人受损巨大；

（六）侵权行为可能危害国家安全、公共利益或者人身健康；

（七）其他可以认定为情节严重的情形。

第五条　人民法院确定惩罚性赔偿数额时，应当分别依照相关法律，以原告实际损失数额、被告违法所得数额或者因侵权所获得的利益作为计算基数。该基数不包括原告为制止侵权所支付的合理开支；法律另有规定的，依照其规定。

前款所称实际损失数额、违法所得数额、因侵权所获得的利益均难以计算的，人民法院依法参照该权利许可使用费的倍数合理确定，并以此作为惩罚性赔偿数额的计算基数。

人民法院依法责令被告提供其掌握的与侵权行为相关的账簿、资料，被告无正当理由拒不提供或者提供虚假账簿、资料的，人民法院可以参考原告的主张和证据确定惩罚性赔偿数额的计算基数。构成民事诉讼法第一百一十一条规定情形的，依法追究法律责任。

第六条 人民法院依法确定惩罚性赔偿的倍数时，应当综合考虑被告主观过错程度、侵权行为的情节严重程度等因素。

因同一侵权行为已经被处以行政罚款或者刑事罚金且执行完毕，被告主张减免惩罚性赔偿责任的，人民法院不予支持，但在确定前款所称倍数时可以综合考虑。

第七条 本解释自 2021 年 3 月 3 日起施行。最高人民法院以前发布的相关司法解释与本解释不一致的，以本解释为准。

最高人民法院关于审理商标案件有关管辖和法律适用范围问题的解释

（2001 年 12 月 25 日最高人民法院审判委员会第 1203 次会议通过 根据 2020 年 12 月 23 日最高人民法院审判委员会第 1823 次会议通过的《最高人民法院关于修改〈最高人民法院关于审理侵犯专利权纠纷案件应用法律若干问题的解释（二）〉等十八件知识产权类司法解释的决定》修正）

《全国人民代表大会常务委员会关于修改〈中华人民共和国商标法〉的决定》（以下简称商标法修改决定）已由第九届全国人民代表大会常务委员会第二十四次会议通过，自 2001 年 12 月 1 日起施行。为了正确审理商标案件，根据

《中华人民共和国商标法》（以下简称商标法）、《中华人民共和国民事诉讼法》和《中华人民共和国行政诉讼法》（以下简称行政诉讼法）的规定，现就人民法院审理商标案件有关管辖和法律适用范围等问题，作如下解释：

第一条 人民法院受理以下商标案件：

1. 不服国家知识产权局作出的复审决定或者裁定的行政案件；

2. 不服国家知识产权局作出的有关商标的其他行政行为的案件；

3. 商标权权属纠纷案件；

4. 侵害商标权纠纷案件；

5. 确认不侵害商标权纠纷案件；

6. 商标权转让合同纠纷案件；

7. 商标使用许可合同纠纷案件；

8. 商标代理合同纠纷案件；

9. 申请诉前停止侵害注册商标专用权案件；

10. 申请停止侵害注册商标专用权损害责任案件；

11. 申请诉前财产保全案件；

12. 申请诉前证据保全案件；

13. 其他商标案件。

第二条 本解释第一条所列第1项第一审案件，由北京市高级人民法院根据最高人民法院的授权确定其辖区内有关中级人民法院管辖。

本解释第一条所列第2项第一审案件，根据行政诉讼法的有关规定确定管辖。

商标民事纠纷第一审案件，由中级以上人民法院管辖。

各高级人民法院根据本辖区的实际情况，经最高人民法院批准，可以在较大城市确定1-2个基层人民法院受理第一审商标民事纠纷案件。

第三条 商标注册人或者利害关系人向国家知识产权局就侵犯商标权行为请求处理，又向人民法院提起侵害商标权诉讼请求损害赔偿的，人民法院应当受理。

第四条 国家知识产权局在商标法修改决定施行前受理的案件，于该决定施行后作出复审决定或裁定，当事人对复审决定或裁定不服向人民法院起诉的，人民法院应当受理。

第五条 除本解释另行规定外，对商标法修改决定施行前发生，属于修改后商标法第四条、第五条、第八条、第九条第一款、第十条第一款第（二）、（三）、（四）项、第十条第二款、第十一条、第十二条、第十三条、第十五条、第十六条、第二十四条、第二十五条、第三十一条所列举的情形，国家知识产权局于商标法修改决定施行后作出复审决定或者裁定，当事人不服向人民法院起诉的行政案件，适用修改后商标法的相应规定进行审查；属于其他情形的，适用修改前商标法的相应规定进行审查。

第六条 当事人就商标法修改决定施行时已满一年的注册商标发生争议，不服国家知识产权局作出的裁定向人民法院起诉的，适用修改前商标法第二十七条第二款规定的提出申请的期限处理；商标法修改决定施行时商标注册不满一年的，适用修改后商标法第四十一条第二款、第三款规定的提出申请的期限处理。

第七条 对商标法修改决定施行前发生的侵犯商标专用权行为，商标注册人或者利害关系人于该决定施行后在起诉前向人民法院提出申请采取责令停止侵权行为或者保全证据措施的，适用修改后商标法第五十七条、第五十八条的规定。

第八条 对商标法修改决定施行前发生的侵犯商标专用权行为起诉的案件，人民法院于该决定施行时尚未作出生效判决的，参照修改后商标法第五十六条的规定处理。

第九条 除本解释另行规定外，商标法修改决定施行后人民法院受理的商标民事纠纷案件，涉及该决定施行前发生的民事行为的，适用修改前商标法的规定；涉及该决定施行后发生的民事行为的，适用修改后商标法的规定；涉及该决定施行前发生，持续到该决定施行后的民事行为的，分别适用修改前、后商标法的规定。

第十条 人民法院受理的侵犯商标权纠纷案件，已经过行政管理部门处理的，人民法院仍应当就当事人民事争议的事实进行审查。

最高人民法院关于审理商标民事纠纷案件适用法律若干问题的解释

（2002年10月12日最高人民法院审判委员会第1246次会议通过 根据2020年12月23日最高人民法院审判委员会第1823次会议通过的《最高人民法院关于修改〈最高人民法院关于审理侵犯专利权纠纷案件应用法律若干问题的解释（二）〉等十八件知识产权类司法解释的决定》修正）

为了正确审理商标纠纷案件，根据《中华人民共和国民法典》《中华人民共和国商标法》《中华人民共和国民事诉讼法》等法律的规定，就适用法律若干问题解释如下：

第一条 下列行为属于商标法第五十七条第（七）项规定的给他人注册商标专用权造成其他损害的行为：

（一）将与他人注册商标相同或者相近似的文字作为企业的字号在相同或者类似商品上突出使用，容易使相关公众产生误认的；

（二）复制、摹仿、翻译他人注册的驰名商标或其主要部分在不相同或者不相类似商品上作为商标使用，误导公众，致使该驰名商标注册人的利益可能受到损害的；

（三）将与他人注册商标相同或者相近似的文字注册为域名，并且通过该域名进行相关商品交易的电子商务，容易使相关公众产生误认的。

第二条 依据商标法第十三条第二款的规定，复制、摹仿、翻译他人未在中国注册的驰名商标或其主要部分，在相同或者类似商品上作为商标使用，容易导致混淆的，应当承担停止侵害的民事法律责任。

第三条 商标法第四十三条规定的商标使用许可包括以下三类：

（一）独占使用许可，是指商标注册人在约定的期间、地域和以约定的方式，将该注册商标仅许可一个被许可人使用，商标注册人依约定不得使用该注册商标；

（二）排他使用许可，是指商标注册人在约定的期间、地域和以约定的方式，将该注册商标仅许可一个被许可人使用，商标注册人依约定可以使用该注册商标但不得另行许可他人使用该注册商标；

（三）普通使用许可，是指商标注册人在约定的期间、地域和以约定的方式，许可他人使用其注册商标，并可自行使用该注册商标和许可他人使用其注册商标。

第四条　商标法第六十条第一款规定的利害关系人，包括注册商标使用许可合同的被许可人、注册商标财产权利的合法继承人等。

在发生注册商标专用权被侵害时，独占使用许可合同的被许可人可以向人民法院提起诉讼；排他使用许可合同的被许可人可以和商标注册人共同起诉，也可以在商标注册人不起诉的情况下，自行提起诉讼；普通使用许可合同的被许可人经商标注册人明确授权，可以提起诉讼。

第五条　商标注册人或者利害关系人在注册商标续展宽展期内提出续展申请，未获核准前，以他人侵犯其注册商标专用权提起诉讼的，人民法院应当受理。

第六条　因侵犯注册商标专用权行为提起的民事诉讼，由商标法第十三条、第五十七条所规定侵权行为的实施地、侵权商品的储藏地或者查封扣押地、被告住所地人民法院管辖。

前款规定的侵权商品的储藏地，是指大量或者经常性储存、隐匿侵权商品所在地；查封扣押地，是指海关等行政机关依法查封、扣押侵权商品所在地。

第七条　对涉及不同侵权行为实施地的多个被告提起的共同诉讼，原告可以选择其中一个被告的侵权行为实施地人民法院管辖；仅对其中某一被告提起的诉讼，该被告侵权行为实施地的人民法院有管辖权。

第八条　商标法所称相关公众，是指与商标所标识的某类商品或者服务有关的消费者和与前述商品或者服务的营销有密切关系的其他经营者。

第九条　商标法第五十七条第（一）（二）项规定的商标相同，是指被控侵权的商标与原告的注册商标相比较，二者在视觉上基本无差别。

商标法第五十七条第（二）项规定的商标近似，是指被控侵权的商标与原告的注册商标相比较，其文字的字形、读音、含义或者图形的构图及颜色，或者其各要素组合后的整体结构相似，或者其立体形状、颜色组合近似，易使相关公众对商品的来源产生误认或者认为其来源与原告注册商标的商品有特定的联系。

第十条 人民法院依据商标法第五十七条第（一）（二）项的规定，认定商标相同或者近似按照以下原则进行：

（一）以相关公众的一般注意力为标准；

（二）既要进行对商标的整体比对，又要进行对商标主要部分的比对，比对应当在比对对象隔离的状态下分别进行；

（三）判断商标是否近似，应当考虑请求保护注册商标的显著性和知名度。

第十一条 商标法第五十七条第（二）项规定的类似商品，是指在功能、用途、生产部门、销售渠道、消费对象等方面相同，或者相关公众一般认为其存在特定联系、容易造成混淆的商品。

类似服务，是指在服务的目的、内容、方式、对象等方面相同，或者相关公众一般认为存在特定联系、容易造成混淆的服务。

商品与服务类似，是指商品和服务之间存在特定联系，容易使相关公众混淆。

第十二条 人民法院依据商标法第五十七条第（二）项的规定，认定商品或者服务是否类似，应当以相关公众对商品或者服务的一般认识综合判断；《商标注册用商品和服务国际分类表》《类似商品和服务区分表》可以作为判断类似商品或者服务的参考。

第十三条 人民法院依据商标法第六十三条第一款的规定确定侵权人的赔偿责任时，可以根据权利人选择的计算方法计算赔偿数额。

第十四条 商标法第六十三条第一款规定的侵权所获得的利益，可以根据侵权商品销售量与该商品单位利润乘积计算；该商品单位利润无法查明的，按照注册商标商品的单位利润计算。

第十五条 商标法第六十三条第一款规定的因被侵权所受到的损失，可以根据权利人因侵权所造成商品销售减少量或者侵权商品销售量与该注册商标商品的单位利润乘积计算。

第十六条　权利人因被侵权所受到的实际损失、侵权人因侵权所获得的利益、注册商标使用许可费均难以确定的，人民法院可以根据当事人的请求或者依职权适用商标法第六十三条第三款的规定确定赔偿数额。

人民法院在适用商标法第六十三条第三款规定确定赔偿数额时，应当考虑侵权行为的性质、期间、后果，侵权人的主观过错程度，商标的声誉及制止侵权行为的合理开支等因素综合确定。

当事人按照本条第一款的规定就赔偿数额达成协议的，应当准许。

第十七条　商标法第六十三条第一款规定的制止侵权行为所支付的合理开支，包括权利人或者委托代理人对侵权行为进行调查、取证的合理费用。

人民法院根据当事人的诉讼请求和案件具体情况，可以将符合国家有关部门规定的律师费用计算在赔偿范围内。

第十八条　侵犯注册商标专用权的诉讼时效为三年，自商标注册人或者利害权利人知道或者应当知道权利受到损害以及义务人之日起计算。商标注册人或者利害关系人超过三年起诉的，如果侵权行为在起诉时仍在持续，在该注册商标专用权有效期限内，人民法院应当判决被告停止侵权行为，侵权损害赔偿数额应当自权利人向人民法院起诉之日起向前推算三年计算。

第十九条　商标使用许可合同未经备案的，不影响该许可合同的效力，但当事人另有约定的除外。

第二十条　注册商标的转让不影响转让前已经生效的商标使用许可合同的效力，但商标使用许可合同另有约定的除外。

第二十一条　人民法院在审理侵犯注册商标专用权纠纷案件中，依据民法典第一百七十九条、商标法第六十条的规定和案件具体情况，可以判决侵权人承担停止侵害、排除妨碍、消除危险、赔偿损失、消除影响等民事责任，还可以作出罚款，收缴侵权商品、伪造的商标标识和主要用于生产侵权商品的材料、工具、设备等财物的民事制裁决定。罚款数额可以参照商标法第六十条第二款的有关规定确定。

行政管理部门对同一侵犯注册商标专用权行为已经给予行政处罚的，人民法院不再予以民事制裁。

第二十二条 人民法院在审理商标纠纷案件中，根据当事人的请求和案件的具体情况，可以对涉及的注册商标是否驰名依法作出认定。

认定驰名商标，应当依照商标法第十四条的规定进行。

当事人对曾经被行政主管机关或者人民法院认定的驰名商标请求保护的，对方当事人对涉及的商标驰名不持异议，人民法院不再审查。提出异议的，人民法院依照商标法第十四条的规定审查。

第二十三条 本解释有关商品商标的规定，适用于服务商标。

第二十四条 以前的有关规定与本解释不一致的，以本解释为准。

最高人民法院关于审理注册商标、企业名称与在先权利冲突的民事纠纷案件若干问题的规定

（2008年2月18日最高人民法院审判委员会第1444次会议通过 根据2020年12月23日最高人民法院审判委员会第1823次会议通过的《最高人民法院关于修改〈最高人民法院关于审理侵犯专利权纠纷案件应用法律若干问题的解释（二）〉等十八件知识产权类司法解释的决定》修正）

为正确审理注册商标、企业名称与在先权利冲突的民事纠纷案件，根据《中华人民共和国民法典》《中华人民共和国商标法》《中华人民共和国反不正当竞争法》和《中华人民共和国民事诉讼法》等法律的规定，结合审判实践，制定本规定。

第一条 原告以他人注册商标使用的文字、图形等侵犯其著作权、外观设计专利权、企业名称权等在先权利为由提起诉讼，符合民事诉讼法第一百一十九条规定的，人民法院应当受理。

原告以他人使用在核定商品上的注册商标与其在先的注册商标相同或者近似为由提起诉讼的，人民法院应当根据民事诉讼法第一百二十四条第（三）项

的规定，告知原告向有关行政主管机关申请解决。但原告以他人超出核定商品的范围或者以改变显著特征、拆分、组合等方式使用的注册商标，与其注册商标相同或者近似为由提起诉讼的，人民法院应当受理。

第二条 原告以他人企业名称与其在先的企业名称相同或者近似，足以使相关公众对其商品的来源产生混淆，违反反不正当竞争法第六条第（二）项的规定为由提起诉讼，符合民事诉讼法第一百一十九条规定的，人民法院应当受理。

第三条 人民法院应当根据原告的诉讼请求和争议民事法律关系的性质，按照民事案件案由规定，确定注册商标或者企业名称与在先权利冲突的民事纠纷案件的案由，并适用相应的法律。

第四条 被诉企业名称侵犯注册商标专用权或者构成不正当竞争的，人民法院可以根据原告的诉讼请求和案件具体情况，确定被告承担停止使用、规范使用等民事责任。

最高人民法院关于审理涉及驰名商标保护的民事纠纷案件应用法律若干问题的解释

（2009年4月22日最高人民法院审判委员会第1467次会议通过 根据2020年12月23日最高人民法院审判委员会第1823次会议通过的《最高人民法院关于修改〈最高人民法院关于审理侵犯专利权纠纷案件应用法律若干问题的解释（二）〉等十八件知识产权类司法解释的决定》修正）

为在审理侵犯商标权等民事纠纷案件中依法保护驰名商标，根据《中华人民共和国商标法》《中华人民共和国反不正当竞争法》《中华人民共和国民事诉讼法》等有关法律规定，结合审判实际，制定本解释。

第一条 本解释所称驰名商标，是指在中国境内为相关公众所熟知的商标。

第二条　在下列民事纠纷案件中，当事人以商标驰名作为事实根据，人民法院根据案件具体情况，认为确有必要的，对所涉商标是否驰名作出认定：

（一）以违反商标法第十三条的规定为由，提起的侵犯商标权诉讼；

（二）以企业名称与其驰名商标相同或者近似为由，提起的侵犯商标权或者不正当竞争诉讼；

（三）符合本解释第六条规定的抗辩或者反诉的诉讼。

第三条　在下列民事纠纷案件中，人民法院对于所涉商标是否驰名不予审查：

（一）被诉侵犯商标权或者不正当竞争行为的成立不以商标驰名为事实根据的；

（二）被诉侵犯商标权或者不正当竞争行为因不具备法律规定的其他要件而不成立的。

原告以被告注册、使用的域名与其注册商标相同或者近似，并通过该域名进行相关商品交易的电子商务，足以造成相关公众误认为由，提起的侵权诉讼，按照前款第（一）项的规定处理。

第四条　人民法院认定商标是否驰名，应当以证明其驰名的事实为依据，综合考虑商标法第十四条第一款规定的各项因素，但是根据案件具体情况无需考虑该条规定的全部因素即足以认定商标驰名的情形除外。

第五条　当事人主张商标驰名的，应当根据案件具体情况，提供下列证据，证明被诉侵犯商标权或者不正当竞争行为发生时，其商标已属驰名：

（一）使用该商标的商品的市场份额、销售区域、利税等；

（二）该商标的持续使用时间；

（三）该商标的宣传或者促销活动的方式、持续时间、程度、资金投入和地域范围；

（四）该商标曾被作为驰名商标受保护的记录；

（五）该商标享有的市场声誉；

（六）证明该商标已属驰名的其他事实。

前款所涉及的商标使用的时间、范围、方式等，包括其核准注册前持续使用的情形。

对于商标使用时间长短、行业排名、市场调查报告、市场价值评估报告、是否曾被认定为著名商标等证据，人民法院应当结合认定商标驰名的其他证据，客观、全面地进行审查。

第六条 原告以被诉商标的使用侵犯其注册商标专用权为由提起民事诉讼，被告以原告的注册商标复制、摹仿或者翻译其在先未注册驰名商标为由提出抗辩或者提起反诉的，应当对其在先未注册商标驰名的事实负举证责任。

第七条 被诉侵犯商标权或者不正当竞争行为发生前，曾被人民法院或者行政管理部门认定驰名的商标，被告对该商标驰名的事实不持异议的，人民法院应当予以认定。被告提出异议的，原告仍应当对该商标驰名的事实负举证责任。

除本解释另有规定外，人民法院对于商标驰名的事实，不适用民事诉讼证据的自认规则。

第八条 对于在中国境内为社会公众所熟知的商标，原告已提供其商标驰名的基本证据，或者被告不持异议的，人民法院对该商标驰名的事实予以认定。

第九条 足以使相关公众对使用驰名商标和被诉商标的商品来源产生误认，或者足以使相关公众认为使用驰名商标和被诉商标的经营者之间具有许可使用、关联企业关系等特定联系的，属于商标法第十三条第二款规定的"容易导致混淆"。

足以使相关公众认为被诉商标与驰名商标具有相当程度的联系，而减弱驰名商标的显著性、贬损驰名商标的市场声誉，或者不正当利用驰名商标的市场声誉的，属于商标法第十三条第三款规定的"误导公众，致使该驰名商标注册人的利益可能受到损害"。

第十条 原告请求禁止被告在不相类似商品上使用与原告驰名的注册商标相同或者近似的商标或者企业名称的，人民法院应当根据案件具体情况，综合考虑以下因素后作出裁判：

（一）该驰名商标的显著程度；

（二）该驰名商标在使用被诉商标或者企业名称的商品的相关公众中的知晓程度；

（三）使用驰名商标的商品与使用被诉商标或者企业名称的商品之间的关联程度；

（四）其他相关因素。

第十一条 被告使用的注册商标违反商标法第十三条的规定，复制、摹仿或者翻译原告驰名商标，构成侵犯商标权的，人民法院应当根据原告的请求，依法判决禁止被告使用该商标，但被告的注册商标有下列情形之一的，人民法院对原告的请求不予支持：

（一）已经超过商标法第四十五条第一款规定的请求宣告无效期限的；

（二）被告提出注册申请时，原告的商标并不驰名的。

第十二条 当事人请求保护的未注册驰名商标，属于商标法第十条、第十一条、第十二条规定不得作为商标使用或者注册情形的，人民法院不予支持。

第十三条 在涉及驰名商标保护的民事纠纷案件中，人民法院对于商标驰名的认定，仅作为案件事实和判决理由，不写入判决主文；以调解方式审结的，在调解书中对商标驰名的事实不予认定。

第十四条 本院以前有关司法解释与本解释不一致的，以本解释为准。

最高人民法院关于商标法修改决定施行后商标案件管辖和法律适用问题的解释

（2014年2月10日最高人民法院审判委员会第1606次会议通过，根据2020年12月23日最高人民法院审判委员会第1823次会议通过的《最高人民法院关于修改〈最高人民法院关于审理侵犯专利权纠纷案件应用法律若干问题的解释（二）〉等十八件知识产权类司法解释的决定》修正）

为正确审理商标案件，根据2013年8月30日第十二届全国人民代表大会常务委员会第四次会议《关于修改〈中华人民共和国商标法〉的决定》和重新公布的《中华人民共和国商标法》《中华人民共和国民事诉讼法》和《中华人民共和国行政诉讼法》等法律的规定，就人民法院审理商标案件有关管辖和法律适用等问题，制定本解释。

第一条 人民法院受理以下商标案件：

1. 不服国家知识产权局作出的复审决定或者裁定的行政案件；
2. 不服国家知识产权局作出的有关商标的其他行政行为的案件；
3. 商标权权属纠纷案件；
4. 侵害商标权纠纷案件；
5. 确认不侵害商标权纠纷案件；
6. 商标权转让合同纠纷案件；
7. 商标使用许可合同纠纷案件；
8. 商标代理合同纠纷案件；
9. 申请诉前停止侵害注册商标专用权案件；
10. 申请停止侵害注册商标专用权损害责任案件；
11. 申请诉前财产保全案件；
12. 申请诉前证据保全案件；
13. 其他商标案件。

第二条 不服国家知识产权局作出的复审决定或者裁定的行政案件及国家知识产权局作出的有关商标的行政行为案件，由北京市有关中级人民法院管辖。

第三条 第一审商标民事案件，由中级以上人民法院及最高人民法院指定的基层人民法院管辖。

涉及对驰名商标保护的民事、行政案件，由省、自治区人民政府所在地市、计划单列市、直辖市辖区中级人民法院及最高人民法院指定的其他中级人民法院管辖。

第四条 在行政管理部门查处侵害商标权行为过程中，当事人就相关商标提起商标权权属或者侵害商标权民事诉讼的，人民法院应当受理。

第五条 对于在商标法修改决定施行前提出的商标注册及续展申请，国家知识产权局于决定施行后作出对该商标申请不予受理或者不予续展的决定，当事人提起行政诉讼的，人民法院审查时适用修改后的商标法。

对于在商标法修改决定施行前提出的商标异议申请，国家知识产权局于决定施行后作出对该异议不予受理的决定，当事人提起行政诉讼的，人民法院审查时适用修改前的商标法。

第六条 对于在商标法修改决定施行前当事人就尚未核准注册的商标申请复审，国家知识产权局于决定施行后作出复审决定或者裁定，当事人提起行政诉讼的，人民法院审查时适用修改后的商标法。

对于在商标法修改决定施行前受理的商标复审申请，国家知识产权局于决定施行后作出核准注册决定，当事人提起行政诉讼的，人民法院不予受理；国家知识产权局于决定施行后作出不予核准注册决定，当事人提起行政诉讼的，人民法院审查相关诉权和主体资格问题时，适用修改前的商标法。

第七条 对于在商标法修改决定施行前已经核准注册的商标，国家知识产权局于决定施行前受理、在决定施行后作出复审决定或者裁定，当事人提起行政诉讼的，人民法院审查相关程序问题适用修改后的商标法，审查实体问题适用修改前的商标法。

第八条 对于在商标法修改决定施行前受理的相关商标案件，国家知识产权局于决定施行后作出决定或者裁定，当事人提起行政诉讼的，人民法院认定该决定或者裁定是否符合商标法有关审查时限规定时，应当从修改决定施行之日起计算该审查时限。

第九条 除本解释另行规定外，商标法修改决定施行后人民法院受理的商标民事案件，涉及该决定施行前发生的行为的，适用修改前商标法的规定；涉及该决定施行前发生，持续到该决定施行后的行为的，适用修改后商标法的规定。

最高人民法院关于审理商标授权确权行政案件若干问题的规定

(2016年12月12日最高人民法院审判委员会第1703次会议通过 根据2020年12月23日最高人民法院审判委员会第1823次会议通过的《最高人民法院关于修改〈最高人民法院关于审理侵犯专利权纠纷案件应用法律若干问题的解释（二）〉等十八件知识产权类司法解释的决定》修正)

为正确审理商标授权确权行政案件，根据《中华人民共和国商标法》《中华人民共和国行政诉讼法》等法律规定，结合审判实践，制定本规定。

第一条 本规定所称商标授权确权行政案件，是指相对人或者利害关系人因不服国家知识产权局作出的商标驳回复审、商标不予注册复审、商标撤销复审、商标无效宣告及无效宣告复审等行政行为，向人民法院提起诉讼的案件。

第二条 人民法院对商标授权确权行政行为进行审查的范围，一般应根据原告的诉讼请求及理由确定。原告在诉讼中未提出主张，但国家知识产权局相关认定存在明显不当的，人民法院在各方当事人陈述意见后，可以对相关事由进行审查并作出裁判。

第三条 商标法第十条第一款第（一）项规定的同中华人民共和国的国家名称等"相同或者近似"，是指商标标志整体上与国家名称等相同或者近似。

对于含有中华人民共和国的国家名称等，但整体上并不相同或者不相近似的标志，如果该标志作为商标注册可能导致损害国家尊严的，人民法院可以认定属于商标法第十条第一款第（八）项规定的情形。

第四条 商标标志或者其构成要素带有欺骗性，容易使公众对商品的质量等特点或者产地产生误认，国家知识产权局认定其属于2001年修正的商标法第十条第一款第（七）项规定情形的，人民法院予以支持。

第五条 商标标志或者其构成要素可能对我国社会公共利益和公共秩序产生消极、负面影响的，人民法院可以认定其属于商标法第十条第一款第（八）项规定的"其他不良影响"。

将政治、经济、文化、宗教、民族等领域公众人物姓名等申请注册为商标，属于前款所指的"其他不良影响"。

第六条 商标标志由县级以上行政区划的地名或者公众知晓的外国地名和其他要素组成，如果整体上具有区别于地名的含义，人民法院应当认定其不属于商标法第十条第二款所指情形。

第七条 人民法院审查诉争商标是否具有显著特征，应当根据商标所指定使用商品的相关公众的通常认识，判断该商标整体上是否具有显著特征。商标标志中含有描述性要素，但不影响其整体具有显著特征的；或者描述性标志以独特方式加以表现，相关公众能够以其识别商品来源的，应当认定其具有显著特征。

第八条 诉争商标为外文标志时，人民法院应当根据中国境内相关公众的通常认识，对该外文商标是否具有显著特征进行审查判断。标志中外文的固有含义可能影响其在指定使用商品上的显著特征，但相关公众对该固有含义的认知程度较低，能够以该标志识别商品来源的，可以认定其具有显著特征。

第九条 仅以商品自身形状或者自身形状的一部分作为三维标志申请注册商标，相关公众一般情况下不易将其识别为指示商品来源标志的，该三维标志不具有作为商标的显著特征。

该形状系申请人所独创或者最早使用并不能当然导致其具有作为商标的显著特征。

第一款所称标志经过长期或者广泛使用，相关公众能够通过该标志识别商品来源的，可以认定该标志具有显著特征。

第十条 诉争商标属于法定的商品名称或者约定俗成的商品名称的，人民法院应当认定其属于商标法第十一条第一款第（一）项所指的通用名称。依据法律规定或者国家标准、行业标准属于商品通用名称的，应当认定为通用名称。相关公众普遍认为某一名称能够指代一类商品的，应当认定为约定俗成的通用名称。

被专业工具书、辞典等列为商品名称的，可以作为认定约定俗成的通用名称的参考。

约定俗成的通用名称一般以全国范围内相关公众的通常认识为判断标准。对于由于历史传统、风土人情、地理环境等原因形成的相关市场固定的商品，在该相关市场内通用的称谓，人民法院可以认定为通用名称。

诉争商标申请人明知或者应知其申请注册的商标为部分区域内约定俗成的商品名称的，人民法院可以视其申请注册的商标为通用名称。

人民法院审查判断诉争商标是否属于通用名称，一般以商标申请日时的事实状态为准。核准注册时事实状态发生变化的，以核准注册时的事实状态判断其是否属于通用名称。

第十一条　商标标志只是或者主要是描述、说明所使用商品的质量、主要原料、功能、用途、重量、数量、产地等的，人民法院应当认定其属于商标法第十一条第一款第（二）项规定的情形。商标标志或者其构成要素暗示商品的特点，但不影响其识别商品来源功能的，不属于该项所规定的情形。

第十二条　当事人依据商标法第十三条第二款主张诉争商标构成对其未注册的驰名商标的复制、摹仿或者翻译而不应予以注册或者应予无效的，人民法院应当综合考量如下因素以及因素之间的相互影响，认定是否容易导致混淆：

（一）商标标志的近似程度；

（二）商品的类似程度；

（三）请求保护商标的显著性和知名程度；

（四）相关公众的注意程度；

（五）其他相关因素。

商标申请人的主观意图以及实际混淆的证据可以作为判断混淆可能性的参考因素。

第十三条　当事人依据商标法第十三条第三款主张诉争商标构成对其已注册的驰名商标的复制、摹仿或者翻译而不应予以注册或者应予无效的，人民法院应当综合考虑如下因素，以认定诉争商标的使用是否足以使相关公众认为其与驰名商标具有相当程度的联系，从而误导公众，致使驰名商标注册人的利益可能受到损害：

（一）引证商标的显著性和知名程度；

（二）商标标志是否足够近似；

（三）指定使用的商品情况；

（四）相关公众的重合程度及注意程度；

（五）与引证商标近似的标志被其他市场主体合法使用的情况或者其他相关因素。

第十四条 当事人主张诉争商标构成对其已注册的驰名商标的复制、摹仿或者翻译而不应予以注册或者应予无效，国家知识产权局依据商标法第三十条规定裁决支持其主张的，如果诉争商标注册未满五年，人民法院在当事人陈述意见之后，可以按照商标法第三十条规定进行审理；如果诉争商标注册已满五年，应当适用商标法第十三条第三款进行审理。

第十五条 商标代理人、代表人或者经销、代理等销售代理关系意义上的代理人、代表人未经授权，以自己的名义将与被代理人或者被代表人的商标相同或者近似的商标在相同或者类似商品上申请注册的，人民法院适用商标法第十五条第一款的规定进行审理。

在为建立代理或者代表关系的磋商阶段，前款规定的代理人或者代表人将被代理人或者被代表人的商标申请注册的，人民法院适用商标法第十五条第一款的规定进行审理。

商标申请人与代理人或者代表人之间存在亲属关系等特定身份关系的，可以推定其商标注册行为系与该代理人或者代表人恶意串通，人民法院适用商标法第十五条第一款的规定进行审理。

第十六条 以下情形可以认定为商标法第十五条第二款中规定的"其他关系"：

（一）商标申请人与在先使用人之间具有亲属关系；

（二）商标申请人与在先使用人之间具有劳动关系；

（三）商标申请人与在先使用人营业地址邻近；

（四）商标申请人与在先使用人曾就达成代理、代表关系进行过磋商，但未形成代理、代表关系；

（五）商标申请人与在先使用人曾就达成合同、业务往来关系进行过磋商，但未达成合同、业务往来关系。

第十七条　地理标志利害关系人依据商标法第十六条主张他人商标不应予以注册或者应予无效，如果诉争商标指定使用的商品与地理标志产品并非相同商品，而地理标志利害关系人能够证明诉争商标使用在该产品上仍然容易导致相关公众误认为该产品来源于该地区并因此具有特定的质量、信誉或者其他特征的，人民法院予以支持。

如果该地理标志已经注册为集体商标或者证明商标，集体商标或者证明商标的权利人或者利害关系人可选择依据该条或者另行依据商标法第十三条、第三十条等主张权利。

第十八条　商标法第三十二条规定的在先权利，包括当事人在诉争商标申请日之前享有的民事权利或者其他应予保护的合法权益。诉争商标核准注册时在先权利已不存在的，不影响诉争商标的注册。

第十九条　当事人主张诉争商标损害其在先著作权的，人民法院应当依照著作权法等相关规定，对所主张的客体是否构成作品、当事人是否为著作权人或者其他有权主张著作权的利害关系人以及诉争商标是否构成对著作权的侵害等进行审查。

商标标志构成受著作权法保护的作品的，当事人提供的涉及商标标志的设计底稿、原件、取得权利的合同、诉争商标申请日之前的著作权登记证书等，均可以作为证明著作权归属的初步证据。

商标公告、商标注册证等可以作为确定商标申请人为有权主张商标标志著作权的利害关系人的初步证据。

第二十条　当事人主张诉争商标损害其姓名权，如果相关公众认为该商标标志指代了该自然人，容易认为标记有该商标的商品系经过该自然人许可或者与该自然人存在特定联系的，人民法院应当认定该商标损害了该自然人的姓名权。

当事人以其笔名、艺名、译名等特定名称主张姓名权，该特定名称具有一定的知名度，与该自然人建立了稳定的对应关系，相关公众以其指代该自然人的，人民法院予以支持。

第二十一条　当事人主张的字号具有一定的市场知名度，他人未经许可申请注册与该字号相同或者近似的商标，容易导致相关公众对商品来源产生混淆，当事人以此主张构成在先权益的，人民法院予以支持。

当事人以具有一定市场知名度并已与企业建立稳定对应关系的企业名称的简称为依据提出主张的，适用前款规定。

第二十二条　当事人主张诉争商标损害角色形象著作权的，人民法院按照本规定第十九条进行审查。

对于著作权保护期限内的作品，如果作品名称、作品中的角色名称等具有较高知名度，将其作为商标使用在相关商品上容易导致相关公众误认为其经过权利人的许可或者与权利人存在特定联系，当事人以此主张构成在先权益的，人民法院予以支持。

第二十三条　在先使用人主张商标申请人以不正当手段抢先注册其在先使用并有一定影响的商标的，如果在先使用商标已经有一定影响，而商标申请人明知或者应知该商标，即可推定其构成"以不正当手段抢先注册"。但商标申请人举证证明其没有利用在先使用商标商誉的恶意的除外。

在先使用人举证证明其在先商标有一定的持续使用时间、区域、销售量或者广告宣传的，人民法院可以认定为有一定影响。

在先使用人主张商标申请人在与其不相类似的商品上申请注册其在先使用并有一定影响的商标，违反商标法第三十二条规定的，人民法院不予支持。

第二十四条　以欺骗手段以外的其他方式扰乱商标注册秩序、损害公共利益、不正当占用公共资源或者谋取不正当利益，人民法院可以认定其属于商标法第四十四条第一款规定的"其他不正当手段"。

第二十五条　人民法院判断诉争商标申请人是否"恶意注册"他人驰名商标，应综合考虑引证商标的知名度、诉争商标申请人申请诉争商标的理由以及使用诉争商标的具体情形来判断其主观意图。引证商标知名度高、诉争商标申请人没有正当理由的，人民法院可以推定其注册构成商标法第四十五条第一款所指的"恶意注册"。

第二十六条　商标权人自行使用、他人经许可使用以及其他不违背商标权人意志的使用，均可认定为商标法第四十九条第二款所称的使用。

实际使用的商标标志与核准注册的商标标志有细微差别，但未改变其显著特征的，可以视为注册商标的使用。

没有实际使用注册商标，仅有转让或者许可行为；或者仅是公布商标注册信息、声明享有注册商标专用权的，不认定为商标使用。

商标权人有真实使用商标的意图，并且有实际使用的必要准备，但因其他客观原因尚未实际使用注册商标的，人民法院可以认定其有正当理由。

第二十七条　当事人主张国家知识产权局下列情形属于行政诉讼法第七十条第（三）项规定的"违反法定程序"的，人民法院予以支持：

（一）遗漏当事人提出的评审理由，对当事人权利产生实际影响的；

（二）评审程序中未告知合议组成员，经审查确有应当回避事由而未回避的；

（三）未通知适格当事人参加评审，该方当事人明确提出异议的；

（四）其他违反法定程序的情形。

第二十八条　人民法院审理商标授权确权行政案件的过程中，国家知识产权局对诉争商标予以驳回、不予核准注册或者予以无效宣告的事由不复存在的，人民法院可以依据新的事实撤销国家知识产权局相关裁决，并判令其根据变更后的事实重新作出裁决。

第二十九条　当事人依据在原行政行为之后新发现的证据，或者在原行政程序中因客观原因无法取得或在规定的期限内不能提供的证据，或者新的法律依据提出的评审申请，不属于以"相同的事实和理由"再次提出评审申请。

在商标驳回复审程序中，国家知识产权局以申请商标与引证商标不构成使用在同一种或者类似商品上的相同或者近似商标为由准予申请商标初步审定公告后，以下情形不视为"以相同的事实和理由"再次提出评审申请：

（一）引证商标所有人或者利害关系人依据该引证商标提出异议，国家知识产权局予以支持，被异议商标申请人申请复审的；

（二）引证商标所有人或者利害关系人在申请商标获准注册后依据该引证商标申请宣告其无效的。

第三十条 人民法院生效裁判对于相关事实和法律适用已作出明确认定，相对人或者利害关系人对于国家知识产权局依据该生效裁判重新作出的裁决提起诉讼的，人民法院依法裁定不予受理；已经受理的，裁定驳回起诉。

第三十一条 本规定自2017年3月1日起施行。人民法院依据2001年修正的商标法审理的商标授权确权行政案件可参照适用本规定。

最高人民法院关于人民法院对注册商标权进行财产保全的解释

（2000年11月22日最高人民法院审判委员会第1144次会议通过 根据2020年12月23日最高人民法院审判委员会第1823次会议通过的《最高人民法院关于修改〈最高人民法院关于审理侵犯专利权纠纷案件应用法律若干问题的解释（二）〉等十八件知识产权类司法解释的决定》修正）

为了正确实施对注册商标权的财产保全措施，避免重复保全，现就人民法院对注册商标权进行财产保全有关问题解释如下：

第一条 人民法院根据民事诉讼法有关规定采取财产保全措施时，需要对注册商标权进行保全的，应当向国家知识产权局商标局（以下简称商标局）发出协助执行通知书，载明要求商标局协助保全的注册商标的名称、注册人、注册证号码、保全期限以及协助执行保全的内容，包括禁止转让、注销注册商标、变更注册事项和办理商标权质押登记等事项。

第二条 对注册商标权保全的期限一次不得超过一年，自商标局收到协助执行通知书之日起计算。如果仍然需要对该注册商标权继续采取保全措施的，人民法院应当在保全期限届满前向商标局重新发出协助执行通知书，要求继续保全。否则，视为自动解除对该注册商标权的财产保全。

第三条 人民法院对已经进行保全的注册商标权，不得重复进行保全。

最高人民法院关于产品侵权案件的受害人能否以产品的商标所有人为被告提起民事诉讼的批复

（2002年7月4日最高人民法院审判委员第1229次会议通过 根据2020年12月23日最高人民法院审判委员会第1823次会议通过的《最高人民法院关于修改〈最高人民法院关于人民法院民事调解工作若干问题的规定〉等十九件民事诉讼类司法解释的决定》修正）

北京市高级人民法院：

你院京高法〔2001〕271号《关于荆其廉、张新荣等诉美国通用汽车公司、美国通用汽车海外公司损害赔偿案诉讼主体确立问题处理结果的请示报告》收悉。经研究，我们认为，任何将自己的姓名、名称、商标或者可资识别的其他标识体现在产品上，表示其为产品制造者的企业或个人，均属于《中华人民共和国民法典》和《中华人民共和国产品质量法》规定的"生产者"。本案中美国通用汽车公司为事故车的商标所有人，根据受害人的起诉和本案的实际情况，本案以通用汽车公司、通用汽车海外公司、通用汽车巴西公司为被告并无不当。

中华人民共和国商标法实施条例

（2002年8月3日中华人民共和国国务院令第358号公布 2014年4月29日中华人民共和国国务院令第651号修订公布 自2014年5月1日起施行）

第一章 总　则

第一条　根据《中华人民共和国商标法》（以下简称商标法），制定本条例。

第二条 本条例有关商品商标的规定，适用于服务商标。

第三条 商标持有人依照商标法第十三条规定请求驰名商标保护的，应当提交其商标构成驰名商标的证据材料。商标局、商标评审委员会应当依照商标法第十四条的规定，根据审查、处理案件的需要以及当事人提交的证据材料，对其商标驰名情况作出认定。

第四条 商标法第十六条规定的地理标志，可以依照商标法和本条例的规定，作为证明商标或者集体商标申请注册。

以地理标志作为证明商标注册的，其商品符合使用该地理标志条件的自然人、法人或者其他组织可以要求使用该证明商标，控制该证明商标的组织应当允许。以地理标志作为集体商标注册的，其商品符合使用该地理标志条件的自然人、法人或者其他组织，可以要求参加以该地理标志作为集体商标注册的团体、协会或者其他组织，该团体、协会或者其他组织应当依据其章程接纳为会员；不要求参加以该地理标志作为集体商标注册的团体、协会或者其他组织的，也可以正当使用该地理标志，该团体、协会或者其他组织无权禁止。

第五条 当事人委托商标代理机构申请商标注册或者办理其他商标事宜，应当提交代理委托书。代理委托书应当载明代理内容及权限；外国人或者外国企业的代理委托书还应当载明委托人的国籍。

外国人或者外国企业的代理委托书及与其有关的证明文件的公证、认证手续，按照对等原则办理。

申请商标注册或者转让商标，商标注册申请人或者商标转让受让人为外国人或者外国企业的，应当在申请书中指定中国境内接收人负责接收商标局、商标评审委员会后继商标业务的法律文件。商标局、商标评审委员会后继商标业务的法律文件向中国境内接收人送达。

商标法第十八条所称外国人或者外国企业，是指在中国没有经常居所或者营业所的外国人或者外国企业。

第六条 申请商标注册或者办理其他商标事宜，应当使用中文。

依照商标法和本条例规定提交的各种证件、证明文件和证据材料是外文的，应当附送中文译文；未附送的，视为未提交该证件、证明文件或者证据材料。

第七条 商标局、商标评审委员会工作人员有下列情形之一的，应当回避，当事人或者利害关系人可以要求其回避：

（一）是当事人或者当事人、代理人的近亲属的；

（二）与当事人、代理人有其他关系，可能影响公正的；

（三）与申请商标注册或者办理其他商标事宜有利害关系的。

第八条 以商标法第二十二条规定的数据电文方式提交商标注册申请等有关文件，应当按照商标局或者商标评审委员会的规定通过互联网提交。

第九条 除本条例第十八条规定的情形外，当事人向商标局或者商标评审委员会提交文件或者材料的日期，直接递交的，以递交日为准；邮寄的，以寄出的邮戳日为准；邮戳日不清晰或者没有邮戳的，以商标局或者商标评审委员会实际收到日为准，但是当事人能够提出实际邮戳日证据的除外。通过邮政企业以外的快递企业递交的，以快递企业收寄日为准；收寄日不明确的，以商标局或者商标评审委员会实际收到日为准，但是当事人能够提出实际收寄日证据的除外。以数据电文方式提交的，以进入商标局或者商标评审委员会电子系统的日期为准。

当事人向商标局或者商标评审委员会邮寄文件，应当使用给据邮件。

当事人向商标局或者商标评审委员会提交文件，以书面方式提交的，以商标局或者商标评审委员会所存档案记录为准；以数据电文方式提交的，以商标局或者商标评审委员会数据库记录为准，但是当事人确有证据证明商标局或者商标评审委员会档案、数据库记录有错误的除外。

第十条 商标局或者商标评审委员会的各种文件，可以通过邮寄、直接递交、数据电文或者其他方式送达当事人；以数据电文方式送达当事人的，应当经当事人同意。当事人委托商标代理机构的，文件送达商标代理机构视为送达当事人。

商标局或者商标评审委员会向当事人送达各种文件的日期，邮寄的，以当事人收到的邮戳日为准；邮戳日不清晰或者没有邮戳的，自文件发出之日起满15日视为送达当事人，但是当事人能够证明实际收到日的除外；直接递交的，以递交日为准；以数据电文方式送达的，自文件发出之日起满15日视为送达当事人，但是当事人能够证明文件进入其电子系统日期的除外。文件通过上述方式无法送达的，可以通过公告方式送达，自公告发布之日起满30日，该文件视为送达当事人。

第十一条 下列期间不计入商标审查、审理期限：

（一）商标局、商标评审委员会文件公告送达的期间；

（二）当事人需要补充证据或者补正文件的期间以及因当事人更换需要重新答辩的期间；

（三）同日申请提交使用证据及协商、抽签需要的期间；

（四）需要等待优先权确定的期间；

（五）审查、审理过程中，依案件申请人的请求等待在先权利案件审理结果的期间。

第十二条 除本条第二款规定的情形外，商标法和本条例规定的各种期限开始的当日不计算在期限内。期限以年或者月计算的，以期限最后一月的相应日为期限届满日；该月无相应日的，以该月最后一日为期限届满日；期限届满日是节假日的，以节假日后的第一个工作日为期限届满日。

商标法第三十九条、第四十条规定的注册商标有效期从法定日开始起算，期限最后一月相应日的前一日为期限届满日，该月无相应日的，以该月最后一日为期限届满日。

第二章　商标注册的申请

第十三条 申请商标注册，应当按照公布的商品和服务分类表填报。每一件商标注册申请应当向商标局提交《商标注册申请书》1份、商标图样1份；以颜色组合或者着色图样申请商标注册的，应当提交着色图样，并提交黑白稿1份；不指定颜色的，应当提交黑白图样。

商标图样应当清晰，便于粘贴，用光洁耐用的纸张印制或者用照片代替，长和宽应当不大于10厘米，不小于5厘米。

以三维标志申请商标注册的，应当在申请书中予以声明，说明商标的使用方式，并提交能够确定三维形状的图样，提交的商标图样应当至少包含三面视图。

以颜色组合申请商标注册的，应当在申请书中予以声明，说明商标的使用方式。

以声音标志申请商标注册的，应当在申请书中予以声明，提交符合要求的声音样本，对申请注册的声音商标进行描述，说明商标的使用方式。对声音商标进行描述，应当以五线谱或者简谱对申请用作商标的声音加以描述并附加文字说明；无法以五线谱或者简谱描述的，应当以文字加以描述；商标描述与声音样本应当一致。

申请注册集体商标、证明商标的，应当在申请书中予以声明，并提交主体资格证明文件和使用管理规则。

商标为外文或者包含外文的，应当说明含义。

第十四条　申请商标注册的，申请人应当提交其身份证明文件。商标注册申请人的名义与所提交的证明文件应当一致。

前款关于申请人提交其身份证明文件的规定适用于向商标局提出的办理变更、转让、续展、异议、撤销等其他商标事宜。

第十五条　商品或者服务项目名称应当按照商品和服务分类表中的类别号、名称填写；商品或者服务项目名称未列入商品和服务分类表的，应当附送对该商品或者服务的说明。

商标注册申请等有关文件以纸质方式提出的，应当打字或者印刷。

本条第二款规定适用于办理其他商标事宜。

第十六条　共同申请注册同一商标或者办理其他共有商标事宜的，应当在申请书中指定一个代表人；没有指定代表人的，以申请书中顺序排列的第一人为代表人。

商标局和商标评审委员会的文件应当送达代表人。

第十七条　申请人变更其名义、地址、代理人、文件接收人或者删减指定的商品的，应当向商标局办理变更手续。

申请人转让其商标注册申请的，应当向商标局办理转让手续。

第十八条　商标注册的申请日期以商标局收到申请文件的日期为准。

商标注册申请手续齐备、按照规定填写申请文件并缴纳费用的，商标局予以受理并书面通知申请人；申请手续不齐备、未按照规定填写申请文件或者未缴纳费用的，商标局不予受理，书面通知申请人并说明理由。申请手续基本齐备或者申请文件基本符合规定，但是需要补正的，商标局通知申请人予以补正，限其自收到通知之日起 30 日内，按照指定内容补正并交回商标局。在规定期限内补正并交回商标局的，保留申请日期；期满未补正的或者不按照要求进行补正的，商标局不予受理并书面通知申请人。

本条第二款关于受理条件的规定适用于办理其他商标事宜。

第十九条　两个或者两个以上的申请人，在同一种商品或者类似商品上，分别以相同或者近似的商标在同一天申请注册的，各申请人应当自收到商标局通知之日起 30 日内提交其申请注册前在先使用该商标的证据。同日使用或者均未使用的，各申请人可以自收到商标局通知之日起 30 日内自行协商，并将书面协议报送商标局；不愿协商或者协商不成的，商标局通知各申请人以抽签的方式确定一个申请人，驳回其他人的注册申请。商标局已经通知但申请人未参加抽签的，视为放弃申请，商标局应当书面通知未参加抽签的申请人。

第二十条　依照商标法第二十五条规定要求优先权的，申请人提交的第一次提出商标注册申请文件的副本应当经受理该申请的商标主管机关证明，并注明申请日期和申请号。

第三章　商标注册申请的审查

第二十一条　商标局对受理的商标注册申请，依照商标法及本条例的有关规定进行审查，对符合规定或者在部分指定商品上使用商标的注册申请符合规定的，予以初步审定，并予以公告；对不符合规定或者在部分指定商品上使用商标的注册申请不符合规定的，予以驳回或者驳回在部分指定商品上使用商标的注册申请，书面通知申请人并说明理由。

第二十二条　商标局对一件商标注册申请在部分指定商品上予以驳回的，申请人可以将该申请中初步审定的部分申请分割成另一件申请，分割后的申请保留原申请的申请日期。

需要分割的，申请人应当自收到商标局《商标注册申请部分驳回通知书》之日起 15 日内，向商标局提出分割申请。

商标局收到分割申请后，应当将原申请分割为两件，对分割出来的初步审定申请生成新的申请号，并予以公告。

第二十三条 依照商标法第二十九条规定，商标局认为对商标注册申请内容需要说明或者修正的，申请人应当自收到商标局通知之日起 15 日内作出说明或者修正。

第二十四条 对商标局初步审定予以公告的商标提出异议的，异议人应当向商标局提交下列商标异议材料一式两份并标明正、副本：

（一）商标异议申请书；

（二）异议人的身份证明；

（三）以违反商标法第十三条第二款和第三款、第十五条、第十六条第一款、第三十条、第三十一条、第三十二条规定为由提出异议的，异议人作为在先权利人或者利害关系人的证明。

商标异议申请书应当有明确的请求和事实依据，并附送有关证据材料。

第二十五条 商标局收到商标异议申请书后，经审查，符合受理条件的，予以受理，向申请人发出受理通知书。

第二十六条 商标异议申请有下列情形的，商标局不予受理，书面通知申请人并说明理由：

（一）未在法定期限内提出的；

（二）申请人主体资格、异议理由不符合商标法第三十三条规定的；

（三）无明确的异议理由、事实和法律依据的；

（四）同一异议人以相同的理由、事实和法律依据针对同一商标再次提出异议申请的。

第二十七条 商标局应当将商标异议材料副本及时送交被异议人，限其自收到商标异议材料副本之日起 30 日内答辩。被异议人不答辩的，不影响商标局作出决定。

当事人需要在提出异议申请或者答辩后补充有关证据材料的，应当在商标异议申请书或者答辩书中声明，并自提交商标异议申请书或者答辩书之日起 3 个月内提交；期满未提交的，视为当事人放弃补充有关证据材料。但是，在期满后生成或者当事人有其他正当理由未能在期满前提交的证据，在期满后提交的，商标局将证据交对方当事人并质证后可以采信。

第二十八条　商标法第三十五条第三款和第三十六条第一款所称不予注册决定，包括在部分指定商品上不予注册决定。

被异议商标在商标局作出准予注册决定或者不予注册决定前已经刊发注册公告的，撤销该注册公告。经审查异议不成立而准予注册的，在准予注册决定生效后重新公告。

第二十九条　商标注册申请人或者商标注册人依照商标法第三十八条规定提出更正申请的，应当向商标局提交更正申请书。符合更正条件的，商标局核准后更正相关内容；不符合更正条件的，商标局不予核准，书面通知申请人并说明理由。

已经刊发初步审定公告或者注册公告的商标经更正的，刊发更正公告。

第四章　注册商标的变更、转让、续展

第三十条　变更商标注册人名义、地址或者其他注册事项的，应当向商标局提交变更申请书。变更商标注册人名义的，还应当提交有关登记机关出具的变更证明文件。商标局核准的，发给商标注册人相应证明，并予以公告；不予核准的，应当书面通知申请人并说明理由。

变更商标注册人名义或者地址的，商标注册人应当将其全部注册商标一并变更；未一并变更的，由商标局通知其限期改正；期满未改正的，视为放弃变更申请，商标局应当书面通知申请人。

第三十一条　转让注册商标的，转让人和受让人应当向商标局提交转让注册商标申请书。转让注册商标申请手续应当由转让人和受让人共同办理。商标局核准转让注册商标申请的，发给受让人相应证明，并予以公告。

转让注册商标，商标注册人对其在同一种或者类似商品上注册的相同或者近似的商标未一并转让的，由商标局通知其限期改正；期满未改正的，视为放弃转让该注册商标的申请，商标局应当书面通知申请人。

第三十二条　注册商标专用权因转让以外的继承等其他事由发生移转的，接

受该注册商标专用权的当事人应当凭有关证明文件或者法律文书到商标局办理注册商标专用权移转手续。

注册商标专用权移转的,注册商标专用权人在同一种或者类似商品上注册的相同或者近似的商标,应当一并移转;未一并移转的,由商标局通知其限期改正;期满未改正的,视为放弃该移转注册商标的申请,商标局应当书面通知申请人。

商标移转申请经核准的,予以公告。接受该注册商标专用权移转的当事人自公告之日起享有商标专用权。

第三十三条　注册商标需要续展注册的,应当向商标局提交商标续展注册申请书。商标局核准商标注册续展申请的,发给相应证明并予以公告。

第五章　商标国际注册

第三十四条　商标法第二十一条规定的商标国际注册,是指根据《商标国际注册马德里协定》(以下简称马德里协定)、《商标国际注册马德里协定有关议定书》(以下简称马德里议定书)及《商标国际注册马德里协定及该协定有关议定书的共同实施细则》的规定办理的马德里商标国际注册。

马德里商标国际注册申请包括以中国为原属国的商标国际注册申请、指定中国的领土延伸申请及其他有关的申请。

第三十五条　以中国为原属国申请商标国际注册的,应当在中国设有真实有效的营业所,或者在中国有住所,或者拥有中国国籍。

第三十六条　符合本条例第三十五条规定的申请人,其商标已在商标局获得注册的,可以根据马德里协定申请办理该商标的国际注册。

符合本条例第三十五条规定的申请人,其商标已在商标局获得注册,或者已向商标局提出商标注册申请并被受理的,可以根据马德里议定书申请办理该商标的国际注册。

第三十七条　以中国为原属国申请商标国际注册的,应当通过商标局向世界知识产权组织国际局(以下简称国际局)申请办理。

以中国为原属国的,与马德里协定有关的商标国际注册的后期指定、放弃、注销，应当通过商标局向国际局申请办理；与马德里协定有关的商标国际注册的转让、删减、变更、续展，可以通过商标局向国际局申请办理，也可以直接向国际局申请办理。

以中国为原属国的，与马德里议定书有关的商标国际注册的后期指定、转让、删减、放弃、注销、变更、续展，可以通过商标局向国际局申请办理，也可以直接向国际局申请办理。

第三十八条 通过商标局向国际局申请商标国际注册及办理其他有关申请的，应当提交符合国际局和商标局要求的申请书和相关材料。

第三十九条 商标国际注册申请指定的商品或者服务不得超出国内基础申请或者基础注册的商品或者服务的范围。

第四十条 商标国际注册申请手续不齐备或者未按照规定填写申请书的，商标局不予受理，申请日不予保留。

申请手续基本齐备或者申请书基本符合规定，但需要补正的，申请人应当自收到补正通知书之日起30日内予以补正，逾期未补正的，商标局不予受理，书面通知申请人。

第四十一条 通过商标局向国际局申请商标国际注册及办理其他有关申请的，应当按照规定缴纳费用。

申请人应当自收到商标局缴费通知单之日起15日内，向商标局缴纳费用。期满未缴纳的，商标局不受理其申请，书面通知申请人。

第四十二条 商标局在马德里协定或者马德里议定书规定的驳回期限（以下简称驳回期限）内，依照商标法和本条例的有关规定对指定中国的领土延伸申请进行审查，作出决定，并通知国际局。商标局在驳回期限内未发出驳回或者部分驳回通知的，该领土延伸申请视为核准。

第四十三条 指定中国的领土延伸申请人，要求将三维标志、颜色组合、声音标志作为商标保护或者要求保护集体商标、证明商标的，自该商标在国际局国际注册簿登记之日起3个月内，应当通过依法设立的商标代理机构，向商标局提交本条例第十三条规定的相关材料。未在上述期限内提交相关材料的，商标局驳回该领土延伸申请。

第四十四条　世界知识产权组织对商标国际注册有关事项进行公告，商标局不再另行公告。

第四十五条　对指定中国的领土延伸申请，自世界知识产权组织《国际商标公告》出版的次月1日起3个月内，符合商标法第三十三条规定条件的异议人可以向商标局提出异议申请。

商标局在驳回期限内将异议申请的有关情况以驳回决定的形式通知国际局。

被异议人可以自收到国际局转发的驳回通知书之日起30日内进行答辩，答辩书及相关证据材料应当通过依法设立的商标代理机构向商标局提交。

第四十六条　在中国获得保护的国际注册商标，有效期自国际注册日或者后期指定日起算。在有效期届满前，注册人可以向国际局申请续展，在有效期内未申请续展的，可以给予6个月的宽展期。商标局收到国际局的续展通知后，依法进行审查。国际局通知未续展的，注销该国际注册商标。

第四十七条　指定中国的领土延伸申请办理转让的，受让人应当在缔约方境内有真实有效的营业所，或者在缔约方境内有住所，或者是缔约方国民。

转让人未将其在相同或者类似商品或者服务上的相同或者近似商标一并转让的，商标局通知注册人自发出通知之日起3个月内改正；期满未改正或者转让容易引起混淆或者有其他不良影响的，商标局作出该转让在中国无效的决定，并向国际局作出声明。

第四十八条　指定中国的领土延伸申请办理删减，删减后的商品或者服务不符合中国有关商品或者服务分类要求或者超出原指定商品或者服务范围的，商标局作出该删减在中国无效的决定，并向国际局作出声明。

第四十九条　依照商标法第四十九条第二款规定申请撤销国际注册商标，应当自该商标国际注册申请的驳回期限届满之日起满3年后向商标局提出申请；驳回期限届满时仍处在驳回复审或者异议相关程序的，应当自商标局或者商标评审委员会作出的准予注册决定生效之日起满3年后向商标局提出申请。

依照商标法第四十四条第一款规定申请宣告国际注册商标无效的，应当自该商标国际注册申请的驳回期限届满后向商标评审委员会提出申请；驳回期限届满时仍处在驳回复审或者异议相关程序的，应当自商标局或者商标评审委员会作出的准予注册决定生效后向商标评审委员会提出申请。

依照商标法第四十五条第一款规定申请宣告国际注册商标无效的，应当自该商标国际注册申请的驳回期限届满之日起 5 年内向商标评审委员会提出申请；驳回期限届满时仍处在驳回复审或者异议相关程序的，应当自商标局或者商标评审委员会作出的准予注册决定生效之日起 5 年内向商标评审委员会提出申请。对恶意注册的，驰名商标所有人不受 5 年的时间限制。

第五十条 商标法和本条例下列条款的规定不适用于办理商标国际注册相关事宜：

（一）商标法第二十八条、第三十五条第一款关于审查和审理期限的规定；

（二）本条例第二十二条、第三十条第二款；

（三）商标法第四十二条及本条例第三十一条关于商标转让由转让人和受让人共同申请并办理手续的规定。

第六章 商标评审

第五十一条 商标评审是指商标评审委员会依照商标法第三十四条、第三十五条、第四十四条、第四十五条、第五十四条的规定审理有关商标争议事宜。当事人向商标评审委员会提出商标评审申请，应当有明确的请求、事实、理由和法律依据，并提供相应证据。

商标评审委员会根据事实，依法进行评审。

第五十二条 商标评审委员会审理不服商标局驳回商标注册申请决定的复审案件，应当针对商标局的驳回决定和申请人申请复审的事实、理由、请求及评审时的事实状态进行审理。

商标评审委员会审理不服商标局驳回商标注册申请决定的复审案件，发现申请注册的商标有违反商标法第十条、第十一条、第十二条和第十六条第一款规定情形，商标局并未依据上述条款作出驳回决定的，可以依据上述条款作出驳回申请的复审决定。商标评审委员会作出复审决定前应当听取申请人的意见。

第五十三条 商标评审委员会审理不服商标局不予注册决定的复审案件，应当针对商标局的不予注册决定和申请人申请复审的事实、理由、请求及原异议人提出的意见进行审理。

商标评审委员会审理不服商标局不予注册决定的复审案件,应当通知原异议人参加并提出意见。原异议人的意见对案件审理结果有实质影响的,可以作为评审的依据;原异议人不参加或者不提出意见的,不影响案件的审理。

第五十四条　商标评审委员会审理依照商标法第四十四条、第四十五条规定请求宣告注册商标无效的案件,应当针对当事人申请和答辩的事实、理由及请求进行审理。

第五十五条　商标评审委员会审理不服商标局依照商标法第四十四条第一款规定作出宣告注册商标无效决定的复审案件,应当针对商标局的决定和申请人申请复审的事实、理由及请求进行审理。

第五十六条　商标评审委员会审理不服商标局依照商标法第四十九条规定作出撤销或者维持注册商标决定的复审案件,应当针对商标局作出撤销或者维持注册商标决定和当事人申请复审时所依据的事实、理由及请求进行审理。

第五十七条　申请商标评审,应当向商标评审委员会提交申请书,并按照对方当事人的数量提交相应份数的副本;基于商标局的决定书申请复审的,还应当同时附送商标局的决定书副本。

商标评审委员会收到申请书后,经审查,符合受理条件的,予以受理;不符合受理条件的,不予受理,书面通知申请人并说明理由;需要补正的,通知申请人自收到通知之日起 30 日内补正。经补正仍不符合规定的,商标评审委员会不予受理,书面通知申请人并说明理由;期满未补正的,视为撤回申请,商标评审委员会应当书面通知申请人。

商标评审委员会受理商标评审申请后,发现不符合受理条件的,予以驳回,书面通知申请人并说明理由。

第五十八条　商标评审委员会受理商标评审申请后应当及时将申请书副本送交对方当事人,限其自收到申请书副本之日起 30 日内答辩;期满未答辩的,不影响商标评审委员会的评审。

第五十九条　当事人需要在提出评审申请或者答辩后补充有关证据材料的,

应当在申请书或者答辩书中声明，并自提交申请书或者答辩书之日起 3 个月内提交；期满未提交的，视为放弃补充有关证据材料。但是，在期满后生成或者当事人有其他正当理由未能在期满前提交的证据，在期满后提交的，商标评审委员会将证据交对方当事人并质证后可以采信。

第六十条　商标评审委员会根据当事人的请求或者实际需要，可以决定对评审申请进行口头审理。

商标评审委员会决定对评审申请进行口头审理的，应当在口头审理 15 日前书面通知当事人，告知口头审理的日期、地点和评审人员。当事人应当在通知书指定的期限内作出答复。

申请人不答复也不参加口头审理的，其评审申请视为撤回，商标评审委员会应当书面通知申请人；被申请人不答复也不参加口头审理的，商标评审委员会可以缺席评审。

第六十一条　申请人在商标评审委员会作出决定、裁定前，可以书面向商标评审委员会要求撤回申请并说明理由，商标评审委员会认为可以撤回的，评审程序终止。

第六十二条　申请人撤回商标评审申请的，不得以相同的事实和理由再次提出评审申请。商标评审委员会对商标评审申请已经作出裁定或者决定的，任何人不得以相同的事实和理由再次提出评审申请。但是，经不予注册复审程序予以核准注册后向商标评审委员会提起宣告注册商标无效的除外。

第七章　商标使用的管理

第六十三条　使用注册商标，可以在商品、商品包装、说明书或者其他附着物上标明"注册商标"或者注册标记。

注册标记包括 ⓡ 和 ®。使用注册标记，应当标注在商标的右上角或者右下角。

第六十四条　《商标注册证》遗失或者破损的，应当向商标局提交补发《商标注册证》申请书。《商标注册证》遗失的，应当在《商标公告》上刊登遗失声明。破损的《商标注册证》，应当在提交补发申请时交回商标局。

商标注册人需要商标局补发商标变更、转让、续展证明，出具商标注册证明，或者商标申请人需要商标局出具优先权证明文件的，应当向商标局提交相应申请书。符合要求的，商标局发给相应证明；不符合要求的，商标局不予办理，通知申请人并告知理由。

伪造或者变造《商标注册证》或者其他商标证明文件的，依照刑法关于伪造、变造国家机关证件罪或者其他罪的规定，依法追究刑事责任。

第六十五条　有商标法第四十九条规定的注册商标成为其核定使用的商品通用名称情形的，任何单位或者个人可以向商标局申请撤销该注册商标，提交申请时应当附送证据材料。商标局受理后应当通知商标注册人，限其自收到通知之日起2个月内答辩；期满未答辩的，不影响商标局作出决定。

第六十六条　有商标法第四十九条规定的注册商标无正当理由连续3年不使用情形的，任何单位或者个人可以向商标局申请撤销该注册商标，提交申请时应当说明有关情况。商标局受理后应当通知商标注册人，限其自收到通知之日起2个月内提交该商标在撤销申请提出前使用的证据材料或者说明不使用的正当理由；期满未提供使用的证据材料或者证据材料无效并没有正当理由的，由商标局撤销其注册商标。

前款所称使用的证据材料，包括商标注册人使用注册商标的证据材料和商标注册人许可他人使用注册商标的证据材料。

以无正当理由连续3年不使用为由申请撤销注册商标的，应当自该注册商标注册公告之日起满3年后提出申请。

第六十七条　下列情形属于商标法第四十九条规定的正当理由：

（一）不可抗力；

（二）政府政策性限制；

（三）破产清算；

（四）其他不可归责于商标注册人的正当事由。

第六十八条　商标局、商标评审委员会撤销注册商标或者宣告注册商标无效，撤销或者宣告无效的理由仅及于部分指定商品的，对在该部分指定商品上使用的商标注册予以撤销或者宣告无效。

第六十九条 许可他人使用其注册商标的，许可人应当在许可合同有效期内向商标局备案并报送备案材料。备案材料应当说明注册商标使用许可人、被许可人、许可期限、许可使用的商品或者服务范围等事项。

第七十条 以注册商标专用权出质的，出质人与质权人应当签订书面质权合同，并共同向商标局提出质权登记申请，由商标局公告。

第七十一条 违反商标法第四十三条第二款规定的，由工商行政管理部门责令限期改正；逾期不改正的，责令停止销售，拒不停止销售的，处10万元以下的罚款。

第七十二条 商标持有人依照商标法第十三条规定请求驰名商标保护的，可以向工商行政管理部门提出请求。经商标局依照商标法第十四条规定认定为驰名商标的，由工商行政管理部门责令停止违反商标法第十三条规定使用商标的行为，收缴、销毁违法使用的商标标识；商标标识与商品难以分离的，一并收缴、销毁。

第七十三条 商标注册人申请注销其注册商标或者注销其注册商标在部分指定商品上的注册的，应当向商标局提交商标注销申请书，并交回原《商标注册证》。

商标注册人申请注销其注册商标或者注销其注册商标在部分指定商品上的注册，经商标局核准注销的，该注册商标专用权或者该注册商标专用权在该部分指定商品上的效力自商标局收到其注销申请之日起终止。

第七十四条 注册商标被撤销或者依照本条例第七十三条的规定被注销的，原《商标注册证》作废，并予以公告；撤销该商标在部分指定商品上的注册的，或者商标注册人申请注销其商标在部分指定商品上的注册的，重新核发《商标注册证》，并予以公告。

第八章　注册商标专用权的保护

第七十五条 为侵犯他人商标专用权提供仓储、运输、邮寄、印制、隐匿、经营场所、网络商品交易平台等，属于商标法第五十七条第六项规定的提供便利条件。

第七十六条　在同一种商品或者类似商品上将与他人注册商标相同或者近似的标志作为商品名称或者商品装潢使用，误导公众的，属于商标法第五十七条第二项规定的侵犯注册商标专用权的行为。

第七十七条　对侵犯注册商标专用权的行为，任何人可以向工商行政管理部门投诉或者举报。

第七十八条　计算商标法第六十条规定的违法经营额，可以考虑下列因素：

（一）侵权商品的销售价格；

（二）未销售侵权商品的标价；

（三）已查清侵权商品实际销售的平均价格；

（四）被侵权商品的市场中间价格；

（五）侵权人因侵权所产生的营业收入；

（六）其他能够合理计算侵权商品价值的因素。

第七十九条　下列情形属于商标法第六十条规定的能证明该商品是自己合法取得的情形：

（一）有供货单位合法签章的供货清单和货款收据且经查证属实或者供货单位认可的；

（二）有供销双方签订的进货合同且经查证已真实履行的；

（三）有合法进货发票且发票记载事项与涉案商品对应的；

（四）其他能够证明合法取得涉案商品的情形。

第八十条　销售不知道是侵犯注册商标专用权的商品，能证明该商品是自己合法取得并说明提供者的，由工商行政管理部门责令停止销售，并将案件情况通报侵权商品提供者所在地工商行政管理部门。

第八十一条　涉案注册商标权属正在商标局、商标评审委员会审理或者人民法院诉讼中，案件结果可能影响案件定性的，属于商标法第六十二条第三款规定的商标权属存在争议。

第八十二条　在查处商标侵权案件过程中，工商行政管理部门可以要求权利人对涉案商品是否为权利人生产或者其许可生产的产品进行辨认。

第九章 商标代理

第八十三条 商标法所称商标代理，是指接受委托人的委托，以委托人的名义办理商标注册申请、商标评审或者其他商标事宜。

第八十四条 商标法所称商标代理机构，包括经工商行政管理部门登记从事商标代理业务的服务机构和从事商标代理业务的律师事务所。

商标代理机构从事商标局、商标评审委员会主管的商标事宜代理业务的，应当按照下列规定向商标局备案：

（一）交验工商行政管理部门的登记证明文件或者司法行政部门批准设立律师事务所的证明文件并留存复印件；

（二）报送商标代理机构的名称、住所、负责人、联系方式等基本信息；

（三）报送商标代理从业人员名单及联系方式。

工商行政管理部门应当建立商标代理机构信用档案。商标代理机构违反商标法或者本条例规定的，由商标局或者商标评审委员会予以公开通报，并记入其信用档案。

第八十五条 商标法所称商标代理从业人员，是指在商标代理机构中从事商标代理业务的工作人员。

商标代理从业人员不得以个人名义自行接受委托。

第八十六条 商标代理机构向商标局、商标评审委员会提交的有关申请文件，应当加盖该代理机构公章并由相关商标代理从业人员签字。

第八十七条 商标代理机构申请注册或者受让其代理服务以外的其他商标，商标局不予受理。

第八十八条 下列行为属于商标法第六十八条第一款第二项规定的以其他不正当手段扰乱商标代理市场秩序的行为：

（一）以欺诈、虚假宣传、引人误解或者商业贿赂等方式招徕业务的；

（二）隐瞒事实，提供虚假证据，或者威胁、诱导他人隐瞒事实，提供虚假证据的；

（三）在同一商标案件中接受有利益冲突的双方当事人委托的。

第八十九条 商标代理机构有商标法第六十八条规定行为的，由行为人所在地或者违法行为发生地县级以上工商行政管理部门进行查处并将查处情况通报商标局。

第九十条 商标局、商标评审委员会依照商标法第六十八条规定停止受理商标代理机构办理商标代理业务的，可以作出停止受理该商标代理机构商标代理业务 6 个月以上直至永久停止受理的决定。停止受理商标代理业务的期间届满，商标局、商标评审委员会应当恢复受理。

商标局、商标评审委员会作出停止受理或者恢复受理商标代理的决定应当在其网站予以公告。

第九十一条 工商行政管理部门应当加强对商标代理行业组织的监督和指导。

第十章 附 则

第九十二条 连续使用至 1993 年 7 月 1 日的服务商标，与他人在相同或者类似的服务上已注册的服务商标相同或者近似的，可以继续使用；但是，1993 年 7 月 1 日后中断使用 3 年以上的，不得继续使用。

已连续使用至商标局首次受理新放开商品或者服务项目之日的商标，与他人在新放开商品或者服务项目相同或者类似的商品或者服务上已注册的商标相同或者近似的，可以继续使用；但是，首次受理之日后中断使用 3 年以上的，不得继续使用。

第九十三条 商标注册用商品和服务分类表，由商标局制定并公布。

申请商标注册或者办理其他商标事宜的文件格式，由商标局、商标评审委员会制定并公布。

商标评审委员会的评审规则由国务院工商行政管理部门制定并公布。

第九十四条 商标局设置《商标注册簿》，记载注册商标及有关注册事项。

第九十五条 《商标注册证》及相关证明是权利人享有注册商标专用权的凭

证。《商标注册证》记载的注册事项，应当与《商标注册簿》一致；记载不一致的，除有证据证明《商标注册簿》确有错误外，以《商标注册簿》为准。

第九十六条　商标局发布《商标公告》，刊发商标注册及其他有关事项。《商标公告》采用纸质或者电子形式发布。

除送达公告外，公告内容自发布之日起视为社会公众已经知道或者应当知道。

第九十七条　申请商标注册或者办理其他商标事宜，应当缴纳费用。缴纳费用的项目和标准，由国务院财政部门、国务院价格主管部门分别制定。

第九十八条　本条例自 2014 年 5 月 1 日起施行。

商标印制管理办法

（2004 年 8 月 19 日国家工商行政管理总局令第 15 号公布　根据 2020 年 10 月 23 日《国家市场监督管理总局关于修改部分规章的决定》修订）

第一条　为了加强商标印制管理，保护注册商标专用权，维护社会主义市场经济秩序，根据《中华人民共和国商标法》、《中华人民共和国商标法实施条例》（以下分别简称《商标法》、《商标法实施条例》）的有关规定，制定本办法。

第二条　以印刷、印染、制版、刻字、织字、晒蚀、印铁、铸模、冲压、烫印、贴花等方式制作商标标识的，应当遵守本办法。

第三条　商标印制委托人委托商标印制单位印制商标的，应当出示营业执照副本或者合法的营业证明或者身份证明。

第四条　商标印制委托人委托印制注册商标的，应当出示《商标注册证》，并另行提供一份复印件。

签订商标使用许可合同使用他人注册商标，被许可人需印制商标的，还应当出示商标使用许可合同文本并提供一份复印件；商标注册人单独授权被许可人印制商标的，还应当出示授权书并提供一份复印件。

第五条 委托印制注册商标的，商标印制委托人提供的有关证明文件及商标图样应当符合下列要求：

（一）所印制的商标样稿应当与《商标注册证》上的商标图样相同；

（二）被许可人印制商标标识的，应有明确的授权书，或其所提供的《商标使用许可合同》含有许可人允许其印制商标标识的内容；

（三）被许可人的商标标识样稿应当标明被许可人的企业名称和地址；其注册标记的使用符合《商标法实施条例》的有关规定。

第六条 委托印制未注册商标的，商标印制委托人提供的商标图样应当符合下列要求：

（一）所印制的商标不得违反《商标法》第十条的规定；

（二）所印制的商标不得标注"注册商标"字样或者使用注册标记。

第七条 商标印制单位应当对商标印制委托人提供的证明文件和商标图样进行核查。

商标印制委托人未提供本办法第三条、第四条所规定的证明文件，或者其要求印制的商标标识不符合本办法第五条、第六条规定的，商标印制单位不得承接印制。

第八条 商标印制单位承印符合本办法规定的商标印制业务的，商标印制业务管理人员应当按照要求填写《商标印制业务登记表》，载明商标印制委托人所提供的证明文件的主要内容，《商标印制业务登记表》中的图样应当由商标印制单位业务主管人员加盖骑缝章。

商标标识印制完毕，商标印制单位应当在15天内提取标识样品，连同《商标印制业务登记表》、《商标注册证》复印件、商标使用许可合同复印件、商标印制授权书复印件等一并造册存档。

第九条 商标印制单位应当建立商标标识出入库制度，商标标识出入库应当登记台帐。废次标识应当集中进行销毁，不得流入社会。

第十条 商标印制档案及商标标识出入库台帐应当存档备查，存查期为两年。

第十一条 商标印制单位违反本办法第七条至第十条规定的，由所在地市场监督管理部门责令其限期改正，并视其情节予以警告，处以非法所得额三倍以下的罚款，但最高不超过三万元，没有违法所得的，可以处以一万元以下的罚款。

第十二条 擅自设立商标印刷企业或者擅自从事商标印刷经营活动的，由所在地或者行为地市场监督管理部门依照《印刷业管理条例》的有关规定予以处理。

第十三条 商标印制单位违反第七条规定承接印制业务，且印制的商标与他人注册商标相同或者近似的，属于《商标法实施条例》第七十五条所述的商标侵权行为，由所在地或者行为地市场监督管理部门依《商标法》的有关规定予以处理。

第十四条 商标印制单位的违法行为构成犯罪的，所在地或者行为地市场监督管理部门应及时将案件移送司法机关追究刑事责任。

第十五条 本办法所称"商标印制"是指印刷、制作商标标识的行为。

本办法所称"商标标识"是指与商品配套一同进入流通领域的带有商标的有形载体，包括注册商标标识和未注册商标标识。

本办法所称"商标印制委托人"是指要求印制商标标识的商标注册人、未注册商标使用人、注册商标被许可使用人以及符合《商标法》规定的其他商标使用人。

本办法所称"商标印制单位"是指依法登记从事商标印制业务的企业和个体工商户。

本办法所称《商标注册证》包括国家知识产权局所发的有关变更、续展、转让等证明文件。

第十六条 本办法自2004年9月1日起施行。国家工商行政管理局1996年9月5日发布的《商标印制管理办法》同时废止。

国家知识产权局关于发布
《商标注册档案管理办法》的公告

（2020 年 8 月 20 日　国家知识产权局公告第 370 号）

为适应商标注册便利化改革需要，提高商标注册档案管理效能和管理水平，根据《中华人民共和国档案法》及《中华人民共和国档案法实施办法》的相关规定，国家知识产权局制定了《商标注册档案管理办法》，经国家档案局同意，现予以发布，并自公布之日起施行。

特此公告。

商标注册档案管理办法

第一条　为加强商标注册档案管理，根据《中华人民共和国档案法》《中华人民共和国商标法》和国家有关规定，制定本办法。

第二条　本办法所称商标注册档案，是指在商标注册申请、异议、撤销、复审、无效等过程中形成的具有保存和利用价值的各种形式和载体的历史记录。

第三条　国家知识产权局监督和指导商标注册档案工作，接受国家档案主管部门对商标注册档案工作的监督、指导和检查。商标注册档案的立档、归档和管理工作由商标局具体承办。

第四条　商标注册档案实行集中统一管理，维护商标注册档案完整与安全，便于社会各方面的利用。

第五条　商标注册文件材料归档范围主要包括：

（一）商标注册申请及后续业务类；

（二）商标异议业务类；

（三）商标撤销业务类；

（四）商标复审业务类；

（五）商标无效业务类；

（六）其他类。

出具商标注册证明材料、补发商标注册证材料、补发商标变更、转让、续展证明材料等可不归档。

第六条 对属于归档范围的商标注册文件材料，商标业务经办部门在案件审结后应当按照归档要求及时整理并归档。

商标注册档案管理部门应当严格审查归档质量。对符合归档要求的，履行交接手续；对不符合归档要求的，退回业务经办部门重新整理。

归档的商标注册文件材料一般应当为原件，确实无法获得原件的，可以是与原件核对无异的复印件，但是应当注明原因。商标业务经办部门应当保证商标注册档案的系统性、完整性、准确性。

第七条 商标电子注册文件归档工作，应当按照国家有关电子文件管理标准执行。

商标电子注册文件应当采用适合长期保存的文件存储格式与元数据一并归档并建立持久有效的关联。

第八条 商标注册档案的管理以卷为保管单位，根据商标业务类型以申请号或者注册号等分别立卷保管。

商标注册档案的建立按照分类、组卷、排列、编号、装订、编目等顺序进行，做到分类清楚、排列有序、目录准确、装订整齐。

第九条 商标注册档案库房应当符合国家有关标准，具备防火、防盗、防高温、防潮、防尘、防光、防磁、防有害生物、防有害气体等保管条件，确保档案的安全。

第十条 商标注册档案的保管期限分为永久和定期两种，具体按照本办法附件《商标注册文件材料归档范围和商标注册档案保管期限表》执行。

对保管期限为永久的商标注册档案，按照国家有关规定向国家档案馆移交。

第十一条 商标电子注册档案可以采用在线或者离线方式保存，并定期备份。在线存储应当使用档案专用存储服务器，离线存储应当确保载体的耐久性商标电子注册档案的保管应当符合国家有关标准,通过数据备份、异地容灾等手段保证数据安全。

第十二条 商标局对保管期限届满的商标注册档案应当及时进行鉴定并形成鉴定报告,对仍有保存价值的档案,应当根据实际延长保管期限继续保存;对不再具有保存价值、确定销毁的档案,应当清点核对并编制档案销毁清册,经报国家知识产权局分管商标工作的领导审批后,按照有关规定销毁,销毁清册永久保存。

第十三条 除涉及国家秘密、商业秘密和个人隐私等内容外,任何人可以依照相关规定查阅、复制商标注册档案。

第十四条 开展商标注册档案的整理、数字化服务以及保管等外包工作应当符合国家有关规定。

第十五条 涉及国家秘密、商业秘密和个人隐私等内容的商标注册档案的保管、利用,应当依照国家有关规定办理。

第十六条 违反国家档案管理规定,造成商标注册档案失真、损毁、泄密、丢失的,依法追究相关人员责任;涉嫌犯罪的,移交司法机关依法追究刑事责任。

第十七条 商标局可以依据本办法,结合商标注册档案管理的工作实际制定档案管理工作规程。

第十八条 本办法自公布之日起施行。

附件:商标注册文件材料归档范围和商标注册档案保管期限表(略)

国家知识产权局关于印发
《商标侵权判断标准》的通知

(2020年6月15日 国知发保字〔2020〕23号)

各省、自治区、直辖市及新疆生产建设兵团知识产权局(知识产权管理部门):

为深入贯彻落实党中央、国务院关于强化知识产权保护的决策部署,加强商标执法指导工作,统一执法标准,提升执法水平,强化商标专用权保护,根据《商标法》、《商标法实施条例》的有关规定,制定《商标侵权判断标准》。现予印发,请遵照执行。各地在执行中遇到的新情况、新问题,请及时报告。

商标侵权判断标准

第一条 为加强商标执法指导工作,统一执法标准,提升执法水平,强化商标专用权保护,根据《中华人民共和国商标法》(以下简称商标法)、《中华人民共和国商标法实施条例》(以下简称商标法实施条例)以及相关法律法规、部门规章,制定本标准。

第二条 商标执法相关部门在处理、查处商标侵权案件时适用本标准。

第三条 判断是否构成商标侵权,一般需要判断涉嫌侵权行为是否构成商标法意义上的商标的使用。

商标的使用,是指将商标用于商品、商品包装、容器、服务场所以及交易文书上,或者将商标用于广告宣传、展览以及其他商业活动中,用以识别商品或者服务来源的行为。

第四条 商标用于商品、商品包装、容器以及商品交易文书上的具体表现形式包括但不限于:

(一)采取直接贴附、刻印、烙印或者编织等方式将商标附着在商品、商品包装、容器、标签等上,或者使用在商品附加标牌、产品说明书、介绍手册、价目表等上;

(二)商标使用在与商品销售有联系的交易文书上,包括商品销售合同、发票、票据、收据、商品进出口检验检疫证明、报关单据等。

第五条 商标用于服务场所以及服务交易文书上的具体表现形式包括但不限于:

(一)商标直接使用于服务场所,包括介绍手册、工作人员服饰、招贴、菜单、价目表、名片、奖券、办公文具、信笺以及其他提供服务所使用的相关物品上;

（二）商标使用于和服务有联系的文件资料上，如发票、票据、收据、汇款单据、服务协议、维修维护证明等。

第六条 商标用于广告宣传、展览以及其他商业活动中的具体表现形式包括但不限于：

（一）商标使用在广播、电视、电影、互联网等媒体中，或者使用在公开发行的出版物上，或者使用在广告牌、邮寄广告或者其他广告载体上；

（二）商标在展览会、博览会上使用，包括在展览会、博览会上提供的使用商标的印刷品、展台照片、参展证明及其他资料；

（三）商标使用在网站、即时通讯工具、社交网络平台、应用程序等载体上；

（四）商标使用在二维码等信息载体上；

（五）商标使用在店铺招牌、店堂装饰装潢上。

第七条 判断是否为商标的使用应当综合考虑使用人的主观意图、使用方式、宣传方式、行业惯例、消费者认知等因素。

第八条 未经商标注册人许可的情形包括未获得许可或者超出许可的商品或者服务的类别、期限、数量等。

第九条 同一种商品是指涉嫌侵权人实际生产销售的商品名称与他人注册商标核定使用的商品名称相同的商品，或者二者商品名称不同但在功能、用途、主要原料、生产部门、消费对象、销售渠道等方面相同或者基本相同，相关公众一般认为是同种商品。

同一种服务是指涉嫌侵权人实际提供的服务名称与他人注册商标核定使用的服务名称相同的服务，或者二者服务名称不同但在服务的目的、内容、方式、提供者、对象、场所等方面相同或者基本相同，相关公众一般认为是同种服务。

核定使用的商品或者服务名称是指国家知识产权局在商标注册工作中对商品或者服务使用的名称，包括《类似商品和服务区分表》（以下简称区分表）中列出的商品或服务名称和未在区分表中列出但在商标注册中接受的商品或者服务名称。

第十条 类似商品是指在功能、用途、主要原料、生产部门、消费对象、销售渠道等方面具有一定共同性的商品。

类似服务是指在服务的目的、内容、方式、提供者、对象、场所等方面具有一定共同性的服务。

第十一条　判断是否属于同一种商品或者同一种服务、类似商品或者类似服务，应当在权利人注册商标核定使用的商品或者服务与涉嫌侵权的商品或者服务之间进行比对。

第十二条　判断涉嫌侵权的商品或者服务与他人注册商标核定使用的商品或者服务是否构成同一种商品或者同一种服务、类似商品或者类似服务，参照现行区分表进行认定。

对于区分表未涵盖的商品，应当基于相关公众的一般认识，综合考虑商品的功能、用途、主要原料、生产部门、消费对象、销售渠道等因素认定是否构成同一种或者类似商品；

对于区分表未涵盖的服务，应当基于相关公众的一般认识，综合考虑服务的目的、内容、方式、提供者、对象、场所等因素认定是否构成同一种或者类似服务。

第十三条　与注册商标相同的商标是指涉嫌侵权的商标与他人注册商标完全相同，以及虽有不同但视觉效果或者声音商标的听觉感知基本无差别、相关公众难以分辨的商标。

第十四条　涉嫌侵权的商标与他人注册商标相比较，可以认定与注册商标相同的情形包括：

（一）文字商标有下列情形之一的：

1. 文字构成、排列顺序均相同的；

2. 改变注册商标的字体、字母大小写、文字横竖排列，与注册商标之间基本无差别的；

3. 改变注册商标的文字、字母、数字等之间的间距，与注册商标之间基本无差别的；

4. 改变注册商标颜色，不影响体现注册商标显著特征的；

5. 在注册商标上仅增加商品通用名称、图形、型号等缺乏显著特征内容，不影响体现注册商标显著特征的；

（二）图形商标在构图要素、表现形式等视觉上基本无差别的；

（三）文字图形组合商标的文字构成、图形外观及其排列组合方式相同，商标在整体视觉上基本无差别的；

（四）立体商标中的显著三维标志和显著平面要素相同，或者基本无差别的；

（五）颜色组合商标中组合的颜色和排列的方式相同，或者基本无差别的；

（六）声音商标的听觉感知和整体音乐形象相同，或者基本无差别的；

（七）其他与注册商标在视觉效果或者听觉感知上基本无差别的。

第十五条 与注册商标近似的商标是指涉嫌侵权的商标与他人注册商标相比较，文字商标的字形、读音、含义近似，或者图形商标的构图、着色、外形近似，或者文字图形组合商标的整体排列组合方式和外形近似，或者立体商标的三维标志的形状和外形近似，或者颜色组合商标的颜色或者组合近似，或者声音商标的听觉感知或者整体音乐形象近似等。

第十六条 涉嫌侵权的商标与他人注册商标是否构成近似，参照现行《商标审查及审理标准》关于商标近似的规定进行判断。

第十七条 判断商标是否相同或者近似，应当在权利人的注册商标与涉嫌侵权商标之间进行比对。

第十八条 判断与注册商标相同或者近似的商标时，应当以相关公众的一般注意力和认知力为标准，采用隔离观察、整体比对和主要部分比对的方法进行认定。

第十九条 在商标侵权判断中，在同一种商品或者同一种服务上使用近似商标，或者在类似商品或者类似服务上使用相同、近似商标的情形下，还应当对是否容易导致混淆进行判断。

第二十条 商标法规定的容易导致混淆包括以下情形：

（一）足以使相关公众认为涉案商品或者服务是由注册商标权利人生产或者提供；

（二）足以使相关公众认为涉案商品或者服务的提供者与注册商标权利人存在投资、许可、加盟或者合作等关系。

第二十一条 商标执法相关部门判断是否容易导致混淆，应当综合考量以下因素以及各因素之间的相互影响：

（一）商标的近似情况；

（二）商品或者服务的类似情况；

（三）注册商标的显著性和知名度；

（四）商品或者服务的特点及商标使用的方式；

（五）相关公众的注意和认知程度；

（六）其他相关因素。

第二十二条　自行改变注册商标或者将多件注册商标组合使用，与他人在同一种商品或者服务上的注册商标相同的，属于商标法第五十七条第一项规定的商标侵权行为。

自行改变注册商标或者将多件注册商标组合使用，与他人在同一种或者类似商品或者服务上的注册商标近似、容易导致混淆的，属于商标法第五十七条第二项规定的商标侵权行为。

第二十三条　在同一种商品或者服务上，将企业名称中的字号突出使用，与他人注册商标相同的，属于商标法第五十七条第一项规定的商标侵权行为。

在同一种或者类似商品或者服务上，将企业名称中的字号突出使用，与他人注册商标近似、容易导致混淆的，属于商标法第五十七条第二项规定的商标侵权行为。

第二十四条　不指定颜色的注册商标，可以自由附着颜色，但以攀附为目的附着颜色，与他人在同一种或者类似商品或者服务上的注册商标近似、容易导致混淆的，属于商标法第五十七条第二项规定的商标侵权行为。

注册商标知名度较高，涉嫌侵权人与注册商标权利人处于同一行业或者具有较大关联性的行业，且无正当理由使用与注册商标相同或者近似标志的，应当认定涉嫌侵权人具有攀附意图。

第二十五条　在包工包料的加工承揽经营活动中，承揽人使用侵犯注册商标专用权商品的，属于商标法第五十七条第三项规定的商标侵权行为。

第二十六条　经营者在销售商品时，附赠侵犯注册商标专用权商品的，属于商标法第五十七条第三项规定的商标侵权行为。

第二十七条 有下列情形之一的,不属于商标法第六十条第二款规定的"销售不知道是侵犯注册商标专用权的商品":

(一) 进货渠道不符合商业惯例,且价格明显低于市场价格的;

(二) 拒不提供账目、销售记录等会计凭证,或者会计凭证弄虚作假的;

(三) 案发后转移、销毁物证,或者提供虚假证明、虚假情况的;

(四) 类似违法情形受到处理后再犯的;

(五) 其他可以认定当事人明知或者应知的。

第二十八条 商标法第六十条第二款规定的"说明提供者"是指涉嫌侵权人主动提供供货商的名称、经营地址、联系方式等准确信息或者线索。

对于因涉嫌侵权人提供虚假或者无法核实的信息导致不能找到提供者的,不视为"说明提供者"。

第二十九条 涉嫌侵权人属于商标法第六十条第二款规定的销售不知道是侵犯注册商标专用权的商品的,对其侵权商品责令停止销售,对供货商立案查处或者将案件线索移送具有管辖权的商标执法相关部门查处。

对责令停止销售的侵权商品,侵权人再次销售的,应当依法查处。

第三十条 市场主办方、展会主办方、柜台出租人、电子商务平台等经营者怠于履行管理职责,明知或者应知市场内经营者、参展方、柜台承租人、平台内电子商务经营者实施商标侵权行为而不予制止的;或者虽然不知情,但经商标执法相关部门通知或者商标权利人持生效的行政、司法文书告知后,仍未采取必要措施制止商标侵权行为的,属于商标法第五十七条第六项规定的商标侵权行为。

第三十一条 将与他人注册商标相同或者相近似的文字注册为域名,并且通过该域名进行相关商品或者服务交易的电子商务,容易使相关公众产生误认的,属于商标法第五十七条第七项规定的商标侵权行为。

第三十二条 在查处商标侵权案件时,应当保护合法在先权利。

以外观设计专利权、作品著作权抗辩他人注册商标专用权的,若注册商标的申请日先于外观设计专利申请日或者有证据证明的该著作权作品创作完成日,商标执法相关部门可以对商标侵权案件进行查处。

第三十三条 商标法第五十九条第三款规定的"有一定影响的商标"是指在

国内在先使用并为一定范围内相关公众所知晓的未注册商标。

有一定影响的商标的认定，应当考虑该商标的持续使用时间、销售量、经营额、广告宣传等因素进行综合判断。

使用人有下列情形的，不视为在原使用范围内继续使用：

（一）增加该商标使用的具体商品或者服务；

（二）改变该商标的图形、文字、色彩、结构、书写方式等内容，但以与他人注册商标相区别为目的而进行的改变除外；

（三）超出原使用范围的其他情形。

第三十四条　商标法第六十条第二款规定的"五年内实施两次以上商标侵权行为"指同一当事人被商标执法相关部门、人民法院认定侵犯他人注册商标专用权的行政处罚或者判决生效之日起，五年内又实施商标侵权行为的。

第三十五条　正在国家知识产权局审理或者人民法院诉讼中的下列案件，可以适用商标法第六十二条第三款关于"中止"的规定：

（一）注册商标处于无效宣告中的；

（二）注册商标处于续展宽展期的；

（三）注册商标权属存在其他争议情形的。

第三十六条　在查处商标侵权案件过程中，商标执法相关部门可以要求权利人对涉案商品是否为权利人生产或者其许可生产的商品出具书面辨认意见。权利人应当对其辨认意见承担相应法律责任。

商标执法相关部门应当审查辨认人出具辨认意见的主体资格及辨认意见的真实性。涉嫌侵权人无相反证据推翻该辨认意见的，商标执法相关部门将该辨认意见作为证据予以采纳。

第三十七条　本标准由国家知识产权局负责解释。

第三十八条　本标准自公布之日起施行。

图书在版编目（CIP）数据

中华人民共和国商标法：案例注释版／中国法制出版社编．—6版．—北京：中国法制出版社，2024.1
（法律法规案例注释版系列；7）
ISBN 978-7-5216-3618-5

Ⅰ.①中… Ⅱ.①中… Ⅲ.①商标法-案例-中国 Ⅳ.①D923.435

中国国家版本馆CIP数据核字（2023）第247617号

责任编辑：谢 雯　　　　　　　　　　　　封面设计：杨泽江

中华人民共和国商标法：案例注释版
ZHONGHUA RENMIN GONGHEGUO SHANGBIAOFA：ANLI ZHUSHIBAN

经销/新华书店
印刷/河北华商印刷有限公司
开本/880毫米×1230毫米 32开　　　　　印张/7　字数/176千
版次/2024年1月第6版　　　　　　　　　2024年1月第1次印刷

中国法制出版社出版
书号 ISBN 978-7-5216-3618-5　　　　　　　定价：29.00元

北京市西城区西便门西里甲16号西便门办公区
邮政编码 100053　　　　　　　　　　　传真：010-63141852
网址：http：//www.zgfzs.com　　　　　编辑部电话：010-63141792
市场营销部电话：010-63141612　　　　　印务部电话：010-63141606

（如有印装质量问题，请与本社印务部联系。）